関野 秀明

金融危機と恐慌
――『資本論』で考える現代資本主義

新日本出版社

はじめに

　第二次安倍政権、その経済政策である「アベノミクス」なるものが始まって5年になります。さらに「ゼロ金利・量的緩和政策」「大型公共事業依存」「労働規制改革（働き方改革）」「税と社会保障の一体的改革（消費税引き上げと社会保障抑制）」といった、「アベノミクス的なもの」は、「構造改革政治」という名の下に1990年代後半以降、断続的に進められた政策です。そして、政権の「構造改革、アベノミクスの成果」という宣伝に反し、労働者・国民は「長期停滞感」「生活不安」、そして独裁的政治手法への怒りを高めています。
　このような「停滞感」「不安」「怒り」の原因を科学的に、経済学の力で、労働者・国民の立場から解明する研究は、これまでも数多く発表されてきました。本書もその一つです。その上で、数多くの「構造改革批判」「アベノミクス批判」研究と比べた、本書の「特徴」は次の3点になります。
　①徹底して統計的事実に基づく分析、批判を重視すること。
　本書は、「構造改革」「アベノミクス」の諸問題、「働く貧困」「ブラック企業」「生活保護や社会保障へのバッシング」「税と社会保障制度が生みだす貧困」「大企業・富裕層、株価・株主最優先経済」「大企業のグローバル化と安全保障政策の転換」などを、エピソードではなく、できるだけ多くの、そして本質的な事実、統計的事実から分析、批判します。本書は、全7章において合計123の統計図表と概念図を用意しました。弁証法的唯物論の経済学は、事実から出発すべきであり、また「理論の現実へのあてはめ」に陥らないためにも、根本的に事に通じる、統計的事実に基づくことが重要です。単純に資料集としてもご利用いただけます。
　②政策の「複合的、総合的」相互作用分析を重視すること。
　例えば、本書は、「異次元の金融緩和政策」「大型公共事業政策」「労働や社会保障、TPP等の成長戦略」を、個々ばらばらに分析するのでなく、相互作用、一体の運動として、考察します。中央銀行による資金供給が大型公共事業拡大と結びついての不動産バブル誘導、また大企業減税や労働規制緩和、社会保障の産業化、貿易や投資の自由化と結びついての株式バブル誘導に注目します。また例えば、「働く貧困層の拡大」と「社会保障へのバッシング・自己責

任論強化」との相互作用、結果としての貧困、格差、国内政治経済の停滞と安全保障政策の転換との相互作用にも注目します。「複合的、総合的」相互作用分析は、個々ばらばらの「専門研究」では見えにくい「政策の真意」「運動の法則」を解明できる可能性を持ちます。

　③マルクス『資本論』に立ち返って本質の解明を目指すこと。

　「なぜ若者はブラック企業に取り込まれるのか」「なぜ働く貧困層が社会保障受給者を攻撃するのか」。資本が労働者階層間の競争・対立を煽動して蓄積される法則、『資本論』第一部「資本蓄積論」は、これらの疑問を「法則的に」解明する上で、決定的に役にたちます。「なぜアベノミクス『三本の矢』は同時に実行されたのか」「なぜ国内不況、国内経済対策が必要なのに大企業の海外進出、さらには海外派兵という対外膨張政策が優先されるのか」「なぜリーマン・ショックの後に大不況になり、アベノミクス金融緩和の失敗の後に深刻な不況が懸念されるのか」。『資本論』第二部、第三部の「再生産論」「信用論」「利子生み資本論」は、「流通過程の短縮・加速」「架空の需要膨張と現実の需要との乖離」「金融危機と過剰生産恐慌の結合」という分析を用い、これらの疑問を「法則的に」解明する上で、決定的に役にたちます。「多様な現実の単なる場合分け」に陥らないためにも、資本主義経済の一般法則を体系的に解明した『資本論』は、積極的に、明示的に、活かされるべきです。

　本書は、最初に、第１章「ブラック企業と『資本論』——労働者間競争、固定残業代、無限の成果要求から読み解く」、第２章「構造改革、アベノミクスの貧困、生活保護バッシングと『資本論』」、第３章「アベノミクスの貧困と戦争への道——世界市場開拓と『資本論』」を配します。そこでは、90年代後半以降、現在のアベノミクス、アベ政治の下で深刻化する貧困と格差、そして拡大する海外派兵と戦争準備の危機を、『資本論』第一部賃金論、資本蓄積論および第二部第一草稿や『57－58年草稿』の恐慌論に立ち返り論じます。

　つづいて、第４章「アベノミクス・バブルの形成と崩壊——『資本論』「資本の過多と過剰生産の相互促進」論」、第５章「アベノミクスの失敗と暴走——『資本論』第二部「バブルの論理」」、第６章「アベノミクス成長戦略の欺瞞性——『資本論』第三部「株式バブルの論理」」へと展開します。ここでは「三本の矢」の相互促進的関係、アベノミクスの失敗と金融バブル誘導政策の関係、成長戦略の「株価・株主資本主義」的歪みを、『資本論』第二部、第三

はじめに

部の「バブルの論理」「資本の過多と過剰生産の相互促進論」「資本の物神性論」などに立ち返り論じます。

最後に、第7章「リーマン・ショック――最も発達した「バブルの論理」」において、2008年に世界資本主義を揺るがした「リーマン・ショック」、その原因である「住宅関連バブル」を「史上最高に発達した『バブルの論理』」として論じます。

これら7編の論文は、すべて2013年から2017年にかけて、新日本出版社『経済』誌に執筆・掲載したものです。いずれも2017年秋の現時点で、統計データにおいても理論的叙述においても、できるかぎりの加筆、修正を施し、再構成しています。また、本書に引用した『資本論』は、すべて新日本新書版（全13分冊）からで、巻数と頁を示しました。最後に、これらの論稿を作り上げる上で、常にあたたかく、粘り強く、筆者に援助をつづけてくださった新日本出版社『経済』編集部の柳沢健二さん、みなさんに心からのお礼を申し上げます。

　2017年10月　立憲主義、民主主義、平和主義の回復を目指す「野党・市民
　　　　　　共闘」の激闘の最中に

関野　秀明

──目　次──

はじめに　3

第1章　ブラック企業と『資本論』
　　　　──労働者間競争、固定残業代、無限の成果要求から
　　　　読み解く　9
　1、「若者絡め取り」メカニズムとマルクス「相対的過剰人口論」　9
　2、「固定残業代」制度とマルクス「時間賃銀論」　18
　3、「無限の成果要求」とマルクス「出来高賃銀論」　21

第2章　構造改革、アベノミクスの貧困、生活保護バッシング
　　　　と『資本論』　25
　1、貧困ゆえの「生活保護バッシング」　26
　2、非正規労働の貧困。有期労働契約法改悪　30
　3、電機正社員13万人大リストラという貧困　31
　4、「3つの貧困」を結ぶメカニズムと資本主義的格差　34
　5、マルクス「資本の蓄積に照応する貧困の蓄積」論に立ち返り考える　37

第3章　アベノミクスの貧困と戦争への道
　　　　──世界市場開拓と『資本論』　43
　1、現代日本の貧困の特徴　生活苦、非正規増大、正規の処遇低下　43
　2、現代日本の格差の特徴　大企業・富裕層の高収益と労働者の低賃金　49
　3、働く貧困と社会保障削減の悪循環　50
　4、矛盾の反動的打開　多国籍企業化・海外直接投資と
　　安全保障政策の転換　57
　5、『資本論』に立ち返る。世界市場開拓の法則。恐慌と世界市場論　61

第4章　アベノミクス・バブルの形成と崩壊
　　　　──『資本論』「資本の過多と過剰生産の相互促進」論　66

1、アベノミクスの不況脱却策と現実　67
2、アベノミクス「3本の矢」と金融バブルの形成　73
3、バブルとは何か──マルクス「資本の過多と過剰生産の相互促進」論に立ち返る　81

第5章　アベノミクスの失敗と暴走
　　　　──『資本論』第二部「バブルの論理」　88

1、「異次元の金融緩和」の失敗　89
2、「金融緩和」から「成長戦略」待望への暴走　97
3、アベノミクス・バブル待望論と『資本論』第二部「バブルの論理」　102

第6章　アベノミクス成長戦略の欺瞞性
　　　　──『資本論』第三部「株式バブルの論理」　111

1、「成長戦略」の欺瞞性　111
2、「欺瞞性」の原因。株価・株主資本主義の台頭　119
3、アベノミクス「欺瞞性」の限界　123
4、「株主資本主義」の本質。『資本論』第三部「バブルの論理」と「株式資本」論　125

第7章　リーマン・ショック
　　　　──最も発達した「バブルの論理」　132

1、ITバブル崩壊、2001年不況と住宅関連バブル　133
2、米国「新型」住宅関連バブル。そのメカニズム　135
3、米国住宅関連バブルの崩壊。そのメカニズム　146
4、住宅関連バブル崩壊と「過剰生産恐慌」　150

第1章　ブラック企業と『資本論』
──労働者間競争、固定残業代、無限の成果要求から読み解く

　2013年12月17日、厚生労働省は「若者の『使い捨て』が疑われる企業等への重点監督の実施状況」を公表しました。調査した5111事業所のうち4189事業所（82.0%）で何らかの労働基準関係法令違反、2241事業所（43.8%）で違法な時間外労働、1221事業所（23.9%）で賃金不払残業が報告されています。また2015年12月には、大手広告会社「電通」の女性新入社員が過労自死する事件がおこり、その経過の非人道性に対する批判が巻き起こりました。政府も2017年5月には、ブラック企業名の公表に踏み切り、全国で334社が特に悪質である旨、報告されましたが、まさに「氷山の一角」だと思われます。

　本章は第一に、「若者を大量採用したうえで選別、使い潰し、大量離職に追い込む」ブラック企業の背景と実態、その「若者を絡め取る」仕組みを統計と優れた先行研究の紹介から解明します。第二に、ブラック企業の常套手段である「労働者間競争の煽動」「固定残業代制度」「無限の成果要求」を『資本論』に立ち返り分析し、その仕組みの理論的本質を明確化します。

1、「若者絡め取り」メカニズムとマルクス「相対的過剰人口論」

（1）ブラック企業を生む構造。労働者間競争の激化

　ブラック企業の被害がなくならない理由は、「若者が無知だから」「一部の経営者が異常だから」といった個別事情から説明できません。図1-1は2012年に、15-24歳の新規学卒者の3割が非正規就職であることを示しています。日本のパート非正規が「賞与なし、諸手当なし、有休なし、昇給・昇進なし、社会保険なし、福利厚生なし、給与明細書なし、退職金なし、働きがいなし、尊厳なしの低時給の長時間労働」であること、フルタイム非正規・「派遣」も「きわめて不安定な間接的・疑似的な雇用身分」、差別されハラスメントを受け

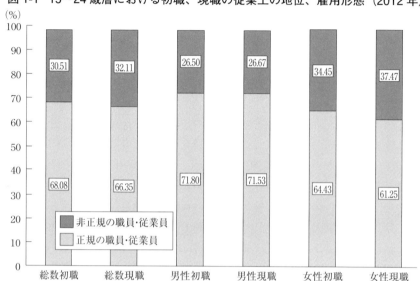

図1-1 15〜24歳層における初職、現職の従業上の地位、雇用形態（2012年）

出所：総務省「就業構造基本調査」2012年版より筆者作成

やすい立場であることは広く知られた事実です（森岡孝二『雇用身分社会』岩波新書、2015年、8、20頁）。図1-2は、1995年から2016年まで20年余の日本において、正規労働者が441万人減少し、非正規労働者が1000万人以上増加したことを示しています。

アベノミクス「成長戦略」、2017年6月9日付「骨太の方針」は、「同一労働同一賃金」と称して、「非正規雇用者の待遇改善」により「均等待遇及び均衡待遇を求める法改正」を行うとしています。しかし、この「骨太の方針」は、「経験や能力」「転勤・配転の可能性」「業績・成果」の違いによる待遇格差を容認し、企業に「待遇差の理由等についての説明義務」を課しても、「待遇差の合理性についての立証責任」を課すことはしません。

このような非正規化の進行は「代わりはいくらでもいる」という労働者間の競争を強め、正社員の労働条件を引き下げてきました。図1-3は2012年に、「15〜24歳で年収200万円以下」「25〜34歳で250万円以下」という「フルタイムで働いても自立困難な貧困層」・「ワーキング・プア」正社員が約250万人（同世代正社員の23.5％）、この条件に「＋50万円」の「ワーキング・プア予備軍」

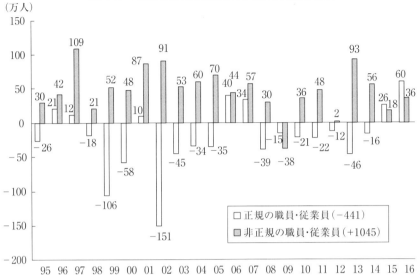

図1-2 増える非正規労働者、減る正規労働者

出所：総務省「労働力調査」より筆者作成

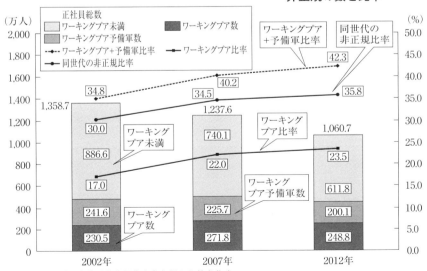

図1-3 15～34歳正社員におけるワーキングプア、その予備軍、非正規の数と比率

出所：総務省「就業構造基本調査」各年版より筆者作成

正社員が200万人おり、「ワーキング・プア＋予備軍」の同世代正社員における比率が42.3％に上ること、これらは「同世代の非正規比率」上昇と共に増大したこと、を示しています。

（２）「若者絡め取り」のメカニズム

このような雇用の非正規化の中での「労働者間競争の激化」こそが「正社員で雇う代わりに死ぬほど働け」というブラック企業を繁殖させる「土壌」となっています。そして「労働者間競争」を「人間性を使い潰す」次元まで利用するのがブラック企業の「虐待型管理」です（今野晴貴『ブラック企業２「虐待型管理」の真相』文春新書、2015年）。図１－４は、ブラック企業が巧妙に「労働者間競争」を煽って若者を絡め取るメカニズムを示しています。

①「大量募集・採用」。ブラック企業のリクルートは「大量募集・採用」です。少数採用・長期育成では「人間性を使い潰す」ほどの労働者間競争を組織しづらいからです。よって「虚偽の労働条件」、ウソの求人票を用います（森岡（2015）9頁、今野（2015）63頁）。

図1-4　ブラック企業の若者「絡め取り」機構＝「産業予備軍機構」

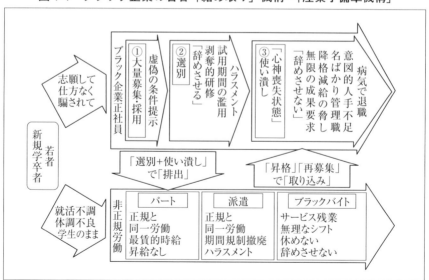

出所：今野（2015）、森岡（2015）を参考に筆者作成

ここで労働条件を偽る重要な仕組みが「固定残業代」制度です。これは高額な「基本給」を表示しつつ、実際は数十時間分の残業代を「基本給」に含める方法です（中澤誠『ルポ過労社会』ちくま新書、2015年、148頁）。「固定残業代」制度は、払われる残業代をはるかに超過する違法残業を隠蔽(いんぺい)し労働者を使い潰す仕組みでもあり、2節で詳しく解説します。

　このような「虚偽の条件提示」により、若者が「騙(だま)されて」ブラック企業に絡め取られる事例は少なくありません。しかし、新卒者の3割が非正規就職という異常な労働者間競争は「わかっていても仕方なく」ブラック企業に入らざるを得ない「土壌」となっています。ここに「ブラック企業の見抜き方」を示すだけでは有効な対策とならない事情があります。加えて総合職正社員、一般職・限定正社員、パート・アルバイト、派遣等、若者が多階層に分断され激化する労働者間競争にさらされると、「競争に打ち勝つ自己像」を植え付けられ、過剰労働を「エリートへの道」「理想の社会人像」と煽られて、自らブラック企業に志願する若者も生まれ、労働者間競争を一層激化させます（今野（2015）60、124頁）。

　②「選別」。次にブラック企業は「辞めさせる技術」を駆使して「選別」を進めます。多数が生き残る環境では労働者間競争が弱まるからです。「選別」の第一は新人研修における「人格を剥奪する社会化」です。隔離し眠らせず過労に追い込み叱責し続けることで自我を崩壊させ、心理的従属状態に追い込みます（今野（2015）44-50頁、中澤（2015）155頁）。第二は入社後も「試用期間」なのでいつでも解雇可能と脅して過度労働を押し付け、「使える者と使えない者との選別」を進めます。そして「使えない者」は計画的にいじめて退職、辞めない者はうつ病・自己都合退職に追い込みます（今野（2015）23-26頁、森岡（2015）9頁）。

　③「使い潰し」。この段階でブラック企業は、労働者間競争を「人間性を使い潰す」次元で持続させるため「辞めさせない技術」を駆使し、若者を搾(しぼ)り尽くします。すぐに辞めてしまうと労働者間競争が弱まるからです。ここで「使い潰し」を持続する重要な「仕組み」が「無限の成果要求」です（今野（2015）76-82頁）。この「無限の成果要求」が若者を「心神喪失状態」「辞めるという判断力の喪失」「極限的過度労働」へ追い詰める仕組みは3節で詳しく解説します。また「辞めたら人間のクズ」と罵倒(ばとう)し「辞めたら損害賠償」と脅迫します

(今野（2015）114-117頁）。そして若者が精神疾患にかかり「使えなくなる」と自己都合退職に追い込みます。働きが悪い者を残すと労働者間競争が弱まるからです（森岡（2015）9頁）。図1-5は「精神障害」を理由とする労働災害補償決定件数が過去最高であること、また被用者健康保険の「傷病手当金支給理由」において、6大疾病のうち「精神および行動の障害」の割合が急激に増加していること（6大疾病の第1位）を示しています。図1-6は、大卒3年以内の離職割合が2010年以降再び増加に転じたことも示しています。

（3）ブラック企業問題の歴史的背景

現代日本において、以上のような「大量採用、選別、使い潰し、大量離職」という「ブラック企業」問題が深刻化した理由・歴史的背景は次の3つに整理できるでしょう。

①1990年代半ば以降の「円高」と日本大企業の「多国籍企業化」

70年代の低成長期以降、日本の輸出依存型経済成長体制は、膨大な貿易・経常収支黒字を生みだす反面、95年4月には「1ドル＝79円」という極端な円高を招きました。この極端な円高は「国内に生産基盤を置く輸出依存型の大企業体制」を「海外現地生産にシフトする多国籍企業化」させました。この「輸出依存型大企業体制の解体」「多国籍企業化」は「長期雇用・育成」「年功制賃金」を特徴とする「日本的雇用慣行」を解体へ導きました。

②日経連『新時代の「日本的経営」』（1995年）を契機とする労働規制緩和

この「日本の雇用慣行の解体」は、具体的には、日経連（日本経営者団体連盟）『新時代の「日本的経営」－挑戦すべき方向とその具体策』（1995年）を契機とする労働規制緩和により推進されました。この日経連『新時代の「日本的経営」』は、労働者を長期雇用・育成型の「長期蓄積能力活用型」と不安定・有期雇用型の「高度専門能力活用型」「雇用柔軟型」に選別し、企業による雇用・育成費用、その責任の最小化を目指した提言でした。この提言は、97年の「専門26業務の労働者派遣解禁」、99年の「労働者派遣原則全面解禁」、2003年の「製造業派遣解禁」において政策化され、長期育成型雇用の削減・選別を進めました（小越洋之助「ブラック企業問題とは何か（上）（下）」『経済』2015年5、6月号）。

③2000年代における「自己責任論」の台頭

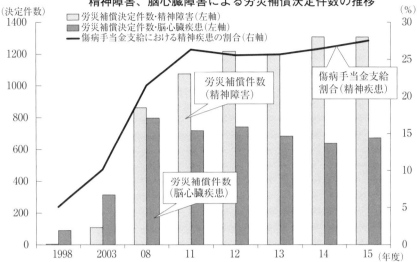

図 1-5 傷病手当金支給における精神疾患の割合および精神障害、脳心臓障害による労災補償決定件数の推移

出所：全国健康保険協会現金給付受給者状況調査　平成27年版および厚生労働省「過労死等の労災補償状況」各年度版より筆者作成

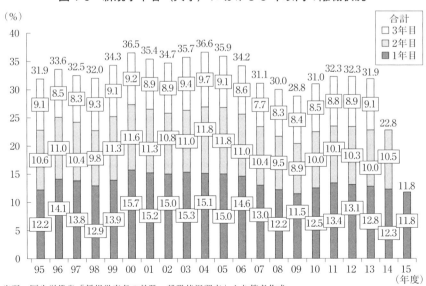

図 1-6 新規学卒者（大学）における3年以内の離職状況

出所：厚生労働省「新規学卒者の就職・離職状況調査」より筆者作成

このような労働者階級内の階層分断、「長期育成型雇用の減少」と「不安定、低所得の非正規雇用の増大」は、雇用形態を巡る労働者間競争の激化を生みだしました。その結果、労働者階層間の所得格差や雇用形態差別を「大企業・財界の労務管理」「政府の労働政策」上の社会的矛盾（支配的階級が制度的に必要とした結果）ではなく、「優勝劣敗の競争結果」「個人の能力差の問題」「自己責任」と歪曲（わいきょく）する「新自由主義」「方法論的個人主義」の世界観、「自己責任論」が台頭しました。このような「自己責任論」がブラック企業による若者使い潰（つぶ）しを「本人が選択した結果」「嫌なら辞めればいいだけの話」と矮小（わいしょう）化して捉え、ブラック企業蔓延（まんえん）の社会的背景と責任を隠蔽している事情は軽視できません（関野秀明『現代の政治課題と「資本論」－自己責任論批判の経済学－』学習の友社、2013年、87頁）。

（４）マルクス「相対的過剰人口論」に立ち返る

　以上のブラック企業問題における特殊日本的、歴史的背景を考察した上で、その理論的本質、核心となるメカニズムを把握する力を、マルクス『資本論』は有しています。

　マルクスは『資本論』第一部第七篇第二三章第三節「相対的過剰人口または産業予備軍の累進的生産」において、資本が労働者間の競争を蓄積に利用する仕組みを分析しました。

　①「第一に」マルクスは、資本が労働者間競争を一層強め、同量の「可変資本（人件費）」でより多くの収奪を行うために、より少数の「選別」された「現役軍・正規労働者」の過度労働・搾取の増大を必要とするとしています。

　「どの資本家も、一定分量の労働を、より多くの労働者……からではなく、より少ない労働者からしぼり出すことに、絶対的関心をいだいている」「資本家は、個々の労働力の外延的、または内包的搾取を増大させることにより、可変資本の同じ支出でより多くの労働を流動させることができる」（同前④1092-1093頁）。

　この「より少数の」現役軍労働者に対する過度労働、徹底した搾取の追求という資本の行動原理は、ブラック企業における「選別」と「使い潰し」原理と共通しています。

　②「第二に」マルクスは、資本が多数の「選別」「排出」された予備軍・非

正規労働者の活用により現役軍・正規労働者を脅かし取り替えることで、収奪を強めるとしています。

「資本家は、ますます不熟練労働者によって熟練労働者を、未成熟労働者によって成熟労働者を、女子労働者によって男子労働者を、年少または児童労働力によって成人労働力を駆逐することを通じて、同じ資本価値でより多くの労働力を購入する」（同④1093頁）。

この予備軍による正規軍の駆逐、取り替えという資本の行動原理は、現代において「正規の非正規による代替（常用代替）」であり、ブラック企業における「選別」「使い潰し」の補充としての「非正規からの昇格」、再度の「大量募集・採用」と共通しています。

③第三にマルクスは、この「第一」と「第二」の作用が統一されるとしています。

「同じ大きさの可変資本が、同じ量の労働力でより多くの労働を流動させ、そして最後に、より高級な労働力の駆逐によってより低級な労働力をより多く流動させる」（同④1093頁）。

ここではまず、正規労働者の搾取が進み、一定量の可変資本・人件費がより多くの剰余労働を引き出すとしています。これは先の「第一」の作用、現役軍労働者の過度労働と搾取を強め、予備軍労働者を「排出」する仕組みです。「そして最後に」「排出」の結果生まれた予備軍労働者が現役軍・正規労働者に取って代わり、また補充される「第二」の作用が働きます。この一連の運動原理は、膨大な新卒者、非正規労働者を「汲めども尽きぬ貯水池」（同④1104頁）として「大量採用」「選別」「使い潰し」再び「大量採用」を繰り返す、「正社員として雇う代わりに死ぬほど働け」というブラック企業システムと共通します。

④最後にマルクスは、このような「正規＝現役軍の過度労働」と「予備軍の強制的怠惰（不安定就労）」の相互圧迫が本質として資本の致富と支配の手段であるとしています。

「労働者階級の一部分の過度労働による、他の部分の強制的怠惰への突き落とし、およびその逆のこと〔強制的怠惰が逆に他の部分の過度労働への突き落としを招くこと〕は、個々の資本家の致富手段となり、しかも同時に、社会的蓄積の進行に照応する規模で産業予備軍の生産を速める」（同④1093-1094頁）。

2、「固定残業代」制度とマルクス「時間賃銀論」

(1)「固定残業代」のからくり

　「固定残業代」制度は、あらかじめ一定の残業時間を「見込み」、その分の残業代を給与に含めて支払う仕組みのことです。しかし、「固定残業代を支払い済み」として「見込み」を超えるサービス残業を強制する違法行為が常態化しています（中澤（2015）148頁）。

　図1-7は、ブラック企業の言う「基本給」と「固定残業代」、サービス残業、時間単価の関係を示しています。企業は「基本給22万800円」という名目で募集します。しかし、法定労働時間176時間分（8時間×22日）の「所定内賃金」は時間単価800円の176時間分・14万800円です。この「所定内賃金」に「固定残業代・80時間分」が25％割増で8万円（時間単価800円×割増率1.25×80時間）加わり「基本給22万800円」となります。企業は、賃金の他に「社会

図1-7　「基本給」と「固定残業代」、サービス残業、時間単価の関係

名目	時間等区分	金額区分	支払区分	時間単価
「基本給」22万800円	30時間分追加の残業	3万円 (800×1.25×30) ※	サービス残業	911円
	80時間分残業	8万円 (800×1.25×80)	固定残業代	1,018円
	176時間分 (法定労働時間)	14万800円 (800×176)	所定内賃金	800円
社会保険＋諸手当	事業主負担手当支給	4万円	事業主負担手当支給	1,027円

出所：今野（2015）69-70頁を参考に筆者作成

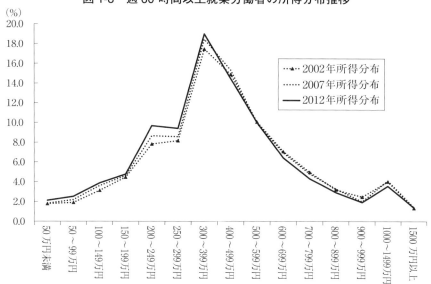

図1-8 週60時間以上就業労働者の所得分布推移

出所：総務省「就業構造基本調査」各年度版より筆者作成

保険料事業主負担＋諸手当」も支払っています。この「社会保険料事業主負担＋諸手当」を4万円として「所定内賃金」に加えると18万800円で時間単価は1027円（18万800円÷176時間）です。ところがここに「固定残業代8万円・80時間分」を加えると支給月額26万800円、時間単価1018円（26万800円÷256時間）となります。さらに30時間分のサービス残業が加わると、時間単価は911円（26万800円÷286時間）にまで減少します。このように低い残業割増と「固定残業代」制度により、ブラック企業は労働者を長時間酷使すればするほど利潤を搾りだせる仕組みになっています[1]。

このような「違法行為の常態化」という現実に対して、アベノミクス「成長戦略」、2017年6月9日付「骨太の方針」は、「長時間労働の是正」と称し、残業時間上限を「月60時間、年720時間を基本に、繁忙期は月100時間未満」とすることを提案しています。しかし「月100時間」という過労死の危険も容認する「上限」は、「常態化」した「違法行為」の合法化そのものです。しかもこの「上限」は「休日労働」を含まず、「休日労働を含めた上限は月80時間、年960時間」となっています。図1-8は02年～12年における「週60時間以上働く

労働者の所得分布」を示しています。結果は、過労死危険ラインを超える長時間労働にもかかわらず、年収400万円以上層がじりじりと減少し、年収200万円層、300万円層が増加しています。このような状況下でのアベノミクス「働き方改革・長時間労働是正」＝「過労死危険ラインの合法化」は労働者に一層の「長時間労働と低賃金の悪循環」をもたらすことになるでしょう。

（2）マルクス「時間賃銀論」に立ち返る

マルクスは『資本論』第一部第六篇第一八章「時間賃銀」において、「労働日」（1日の労働時間の長さ）が資本家に操作される故に、日給、週給、月給など「労賃の総額」と「労働の価格」（時間賃金単価）とを区別しなければならないと論じています（同④930頁）。

例えば、「一労働日」（1日の労働時間）が10時間で、1日の労賃が36ペンスだとすると、「1労働時間の価格」（時間賃金単価）は、3.6（＝36÷10）ペンスになります。そこで「一労働日が12時間に延長されると、一労働時間の価格は3（＝36÷12）ペンスに低落し、15時間に延長されると、2.4（＝36÷15）ペンスに低落する。それでも日賃銀、週賃銀は変わらない」としています（同④931頁）。よってマルクスは、「名目的な日賃銀または週賃銀が騰貴しても、労働の価格の不変あるいは低落をともなうことがありうる」とします[2]。これは固定残業代の事例において、「高め」の「基本給」を示しながら、時間当たりの支払いを引き下げていく手口と原理は同じです。マルクスは最後に次のように結論付けています。

「もし一人が一人半または二人分の仕事をするならば、……労働の供給は増大する。こうして労働者のあいだに引き起こされる競争が、資本家に、労働の価格を切り下げることを可能にするのであり、他方では、また逆に、この労働の価格の低落が、資本家に、労働時間をさらにいっそう引き延ばすことを、可能にする」（同④939頁）。

この原理は「正社員の職を守るため」「社内の選別で生き残るため」の労働者間競争が労働時間を延長させ「時間当たりの賃金」を切り下げ、「時間当たりのもうけ」を切り上げる、このことが労働者をさらなる長時間労働に駆り立てるブラック企業システムと共通します。

3、「無限の成果要求」とマルクス「出来高賃銀論」

(1)「無限の成果要求」による「心神喪失状態」「極限的過度労働」

　ブラック企業による「使い潰し」過程(**図1-4③**)において、極限的過度労働を引き出す「技術」が「無限の成果要求」です(今野(2015)76-82頁)。「無限の成果要求」は「能力不足だから長く働くのは当たり前」という論理を経てサービス残業を自発的に行わせます。「①大量採用・募集」「②選別」の過程で若者を絡め取った「価値観や労働目標」=「エリートとしての成功」「理想の社会人」「社会貢献」等は「成果・数値」に置き換わります。毎日、業績ノルマが課され、ひたすらそれを「削る」ことだけが「日々の価値観へと転倒」します(今野(2015)126頁)。関連してブラック企業は「降格、減給による過剰な競争」「名ばかり管理職として残業代ゼロで過剰な責任」「意図的な人手不足状況への追い込み」といった「技術」を用いて若者を「心神喪失状態(精神の破綻状況)」に追い込みます。この「心神喪失状態」の実現こそ、若者から「辞めようという冷静な判断力」を奪い、極限的過度労働と利潤を手に入れるブラック企業の労務管理目標なのです(今野(2015)129-30頁)。

　このようなブラック企業による「無限の成果要求」という現実に対し、アベノミクス「成長戦略」、2017年6月9日付「骨太の方針」は、「長時間労働の是正」のためにも「生産性の向上」が必要であり、労働時間規制の全廃=完全成果主義である「高度プロフェッショナル型労働制・残業代ゼロ法」の「早期国会成立」を主張しています。政府は、原則的に労働時間規制を受けない「高度プロフェッショナル型労働制」の適用条件を「年収1075万円以上」の高度な専門職と説明していますが、過去には「年収900万円以上」「400万円以上」が検討された経緯もあります。また米国における同様の制度「ホワイトカラー・エグゼンプション」は年収270万円程度の事務系、営業系労働者も適用対象としています。さらに「高度プロフェッショナル型労働制」導入条件として唯一、具体的に検討されている「年104日以上の休日」とは、週休2日を前提にすれば「盆も正月もなく働き続ける」という条件です。このような労働時間規制・残業代割増支給の廃止は、「無限の成果要求」による「無限の長時間過密労働」

を合法化し、長時間労働を是正するのでなく隠蔽することに他なりません。

（2）マルクス「出来高賃銀論」に立ち返る

マルクスは『資本論』第一部第六篇第一九章「出来高賃銀」において、出来高賃金が一時的に「頑張れば頑張るほど」支払われるように見えても、それはすぐさま労働者の生計費水準に引き戻され、長時間過密労働に至るメカニズムを解明しています。以下マルクスの叙述を参考に、「頑張れば頑張るほど」搾られる事例を用いて説明します（同④945-946、955頁）。

①出来高賃金支払いにおける最初の標準的な段階

「平均程度の強度と熟練」の労働者が1日8時間である商品を24個作ることがノルマです。

この商品24個の価格は（原材料費、機械消耗費を差し引けば）12,000円とします。よってこの商品1個の価格は500円（＝12000÷24）になります。

8時間で24個なので1労働時間で3個作るのが「平均的」とされます。

労働者は1個あたり250円、1日8時間、24個では6,000円を受け取ります。よって、

（24個）×（1個あたり出来高250円）＝日賃金6,000円

です。労働者は24個、12,000円を生産し、そのうち6,000円を受け取り、資本家のもうけ・剰余価値は6,000円となります。（剰余価値／賃金）で表される剰余価値率は100％です。

②過渡的に一部の労働者にのみ出来高に合わせた高賃金が支払われる段階

1時間で3個作ることが平均的であるとき、1時間で5個作る労働者が生まれてくると、

（40個）×（1個あたり出来高250円）＝日賃金10,000円

です。この場合でも資本家に損はありません。この労働者は40個、2万円を生産し、そのうち1万円を受け取り、資本家のもうけ・剰余価値は1万円、剰余価値率は100％です。

③一部の労働者の優れた出来高水準が新しい標準にされる段階

労働者間の競争を通じ、1日8時間で40個作ることが新たなノルマ、「平均程度の強度と熟練」であるとされたなら、1個あたり出来高賃金は250円から150円に減少します。1時間で3個作ることから、1時間で5個作ることへ

「標準」・ノルマが変化しました。

　今では（40個）×（1個あたり出来高150円）＝日賃金6,000円

（原材料費、機械消耗費を差し引けば）労働者は40個、2万円を生産し、そのうち6,000円を受け取り、資本家の剰余価値は14,000円となるので剰余価値率233％です。またこの新しいノルマは8時間で40個作れない労働者の労働時間を無給で延長させます(3)。

　このようにマルクスは、「出来高払い」がより過酷な労働強度を新しい標準・ノルマとし賃金単価を引き下げることを解明しました。現代のブラック企業における「無限の成果要求」はマルクス「出来高賃銀論」の事例より一層悪質です。ブラック企業は②「過渡的な高賃金」段階をスキップして、①→③の過程を「無限に」繰り返し、賃金・残業代「固定」の下、出来高支払い単価を「無限に」切り下げ、サービス残業に駆り立てるのです。

　2014年5月28日、安倍首相は「産業競争力会議課題別会合」において高年収正社員の労働時間規制撤廃の「条件」を「働き方の選択によって賃金が減ることのないよう」「残業代分を『込み』にした賃金を支払う」こととしました。しかし、この「条件」こそブラック企業の「固定残業代」制度そのものです。「残業代ゼロ法案」「解雇の金銭解決」「解雇規制の弱い限定正社員制度」「派遣の期間規制撤廃」といったアベノミクス成長戦略こそがブラック企業を培養し企業社会を総ブラック化させる暴挙であることは明らかです。20世紀の初め1日8時間労働制が国際的基準となり、またEU労働時間指令において「24時間につき最低連続11時間の休息期間付与」「1週間の労働時間について、時間外労働を含め平均週48時間以内の上限設定」等が社会的ルールとなった今日、ブラック企業とそれを助長するアベノミクス成長戦略は歴史に逆行する反動として厳しく批判されなければなりません。

注

（1）2014年6月19日の参議院厚生労働委員会において日本共産党小池晃議員の質問に対し、厚生労働省は、2012年の固定残業代に関わる違反件数が全国で2449件（賃金未払い違反全体の1割）、固定残業代に関わる未払い金額が10億円、被害者が1万人と推計される旨、回答しています。

（2）ここでマルクスは「名目的な日賃銀または週賃銀の引き下げとはかかわりのない、労働の価格切り下げの諸方法が存在する」として労働時間延長を指摘し、「労働者が主として関心をもつのは、彼が受け取るもの、すなわち賃銀の名目額であって、彼が与えるもの、すなわち労働の量ではない」というN・W・シーニアの言葉を引用しています（同④931-932頁）。

（3）マルクスは出来高賃金と長時間労働との関係について次のようにも述べています。

「大工業の疾風怒濤時代、ことに一七九七－一八一五年の時期には、出来高賃銀は、労働時間を延長し労賃を切り下げるための槓杆として役立った」（同④953頁）。

第2章　構造改革、アベノミクスの貧困、生活保護バッシングと『資本論』

　2012年5〜6月頃、有名お笑い芸人Kさんのお母さんが生活保護を受給していたことをきっかけに激しい「生活保護バッシング」が巻き起こりました。しかし、公的生活扶助制度について国際比較すると、日本の生活保護制度の不十分さは明らかです。日本弁護士連合会のパンフレット「今、ニッポンの生活保護制度はどうなっているの？」によると、所得が生活保護水準を下回る世帯のうち生活保護を利用している世帯の割合・捕捉率は18％程度に過ぎません（ドイツ64.6％、フランス91.6％）。また**図2-1**は、日本の生活保護利用率が1.7％で、イギリス7.4％、フランス7.1％、ドイツ5.6％、と比べ数分の1の低さであることを示します。

図2-1　日米欧の失業率、相対的貧困率、生活保護利用率、雇用保険受給率比較

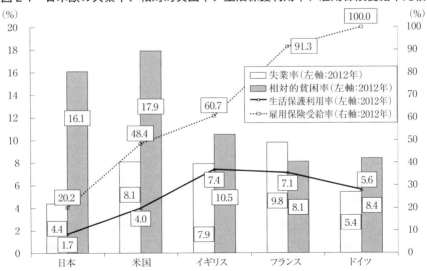

出所：労働政策研究・研修機構「データブック国際労働比較2016」より筆者作成
＊ドイツの生活保護利用は「生活扶助受給者＋（失業者数を超える失業給付Ⅱ利用者）」

ではなぜ、不十分な生活保護に対するバッシングが過熱したのでしょうか。

1、貧困ゆえの「生活保護バッシング」

(1)「貧困＝自己責任」論の土台：「フルタイムで働いても食べていけない」階層の増大

　私たちは子どもの頃から競争主義的に歪められた教育により選別されてきたため、元々「自己責任論」に無批判な弱点があります。また2001年小泉政権成立の前後から政財官界における「構造改革」推進論が意図的に「貧困＝自己責任論」を煽りたて強い影響を及ぼしました(1)。その上で「貧困＝自己責任」「生活保護バッシング」という観念が拠って立つ経済的「土台」は、若者を中心に「フルタイムで働いても食べていけない」階層の増大という経済構造です。図2-2は第一に、正社員であっても年収が「20-24歳層で200万円未満」「25-34歳層で250万円未満」「35-44歳層300万円未満」のいわゆる「周辺的正

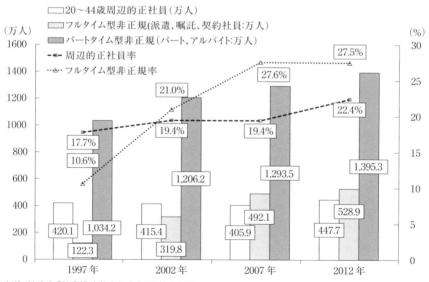

図2-2 「フルタイムで働いても食べていけない」労働者の推移

出所：総務省「就業構造基本調査」より筆者作成

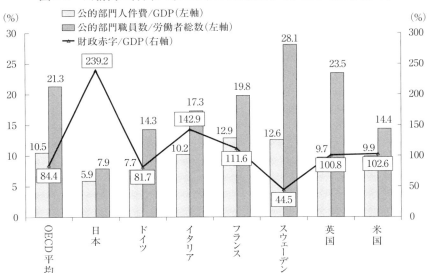

図 2-3 公務員人件費、財政赤字の国際比較（対 GDP 比 2013 年）

出所： OECD Stat.Extractsより筆者作成

社員」の推移を示しています。正社員全体が減少する中、1997年以降400万人以上を維持し、2012年には同年代の正社員全体の22.4%を占めています。第二に、「派遣、嘱託、契約社員」といった「フルタイム型非正規」が「パート、アルバイト」の「パートタイム型非正規」以上に急速に増大し529万人、非正規全体の27.5%を占めることを示しています。「フルタイムで働いても食べていけない」苦しさは「自分たちが働いて払った税金で遊んで暮らしている人がいる」といった「下に向けての生活保護バッシング」を誘発します。

また同様に、この「フルタイムで働いても食べていけない」苦しさは「自分たちが働いて払った税金で自分たちよりも良い生活をしている人がいる」といった「上に向けての公務員バッシング」の震源地にもなります。しかし、生活保護受給者を叩いても、公務員を叩いても、ワーキング・プア（働く貧困層）が報われることはありません。またそのような「バッシング」の根拠はいずれも誤解に基づくものです。図２-３は、日本の公務員人件費が先進諸国中最下位水準であり、それは財政赤字の原因でないことを示しています。

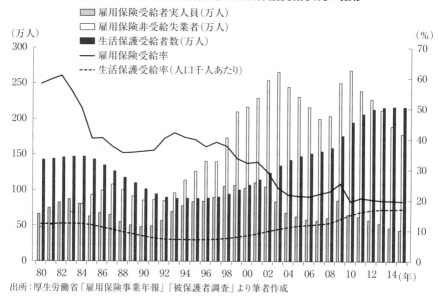

図2-4 雇用保険受給状況と生活保護受給状況の推移
出所：厚生労働省「雇用保険事業年報」「被保護者調査」より筆者作成

(2)「今働けない人の」生活保護削減と「今働いている人の」
賃金引き下げ

　それでも第二次安倍政権は「生活保護バッシング」を利用しながら、2013年に生活保護給付の平均6.5％、最大10％引き下げ、申請手続きの厳格化（命にかかわる緊急時にも書面提出を要求すること等）、扶養義務の厳格化（扶養親族の勤務先にまで直接問い合わせる等）を強行・実施しました。ここで重要な事実は、「今働けない人の」社会保障給付・生活保護の削減が「今働いている人の」賃金・待遇引き下げに直結することです。先程の図2-1は、2012年において欧州各国の雇用保険受給率、生活保護利用率が高く、社会保障に守られながらじっくり持続可能な仕事を探す「低貧困、高失業」社会であるのに対し、日本は雇用保険受給率も生活保護利用率も低く、社会保障に守られないので追い詰められて劣悪な労働条件で働く「高貧困、低失業」社会であることを示しています[2][3]。社会保障にはワーキング・プアを淘汰する大切な機能があるのです。それにもかかわらず、図2-4は、日本の失業者における雇用保険受給比率が1980年代には60％台、90年代には40％台あったのに、2015年には20％にま

28

第2章　構造改革、アベノミクスの貧困、生活保護バッシングと『資本論』

で低下したことを示しています。その上、最後の命綱である生活保護給付まで10％削減されたらどうなるでしょう。

　私の住む山口県の最低賃金は月額10万円で、それに対し生活保護給付額は9.1万円です。これは山口県において企業が生活保護基準9.1万円を下回る条件で求人を行うことは、法規制の有無にかかわらず無理だということです。「月額9.1万円以下の条件なら生活保護を受けたほうがマシ」という仕組みが働くことによって「今働いている人の」賃金水準が守られているのです。もし生活保護給付が10％削減、8.2万円になったら、そんな低い給付で食べていけない人が月額9万円程度でも「追い詰められて」就労することになります。それはこれまでもっと高い賃金で働いてきた人の賃金・労働条件を引き下げる圧力になります。生活保護から追い出された人とこれまで働いてきた人との仕事の奪い合い、待遇の引き下げ合いです。図2-5は、全都道府県を「①乖離（最低賃金が生活保護費を下回る）県」と「②非乖離（最低賃金が生活保護費を上回る）県」とに分けて、最低賃金引き上げ額と生活保護費との関係を調べたものです。結果、「①乖離（最低賃金＜生活保護費）」県は「②非乖離（最低賃金＞生

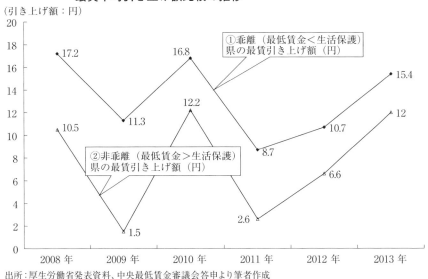

図2-5　「乖離（最賃＜生保）県」と「非乖離（最賃＞生保）県」との最賃平均引き上げ額比較の推移

出所：厚生労働省発表資料、中央最低賃金審議会答申より筆者作成

保護費)」県より常に大きな「最賃引き上げ額」になっています。この結果は、法律に則ったというだけでなく、「賃金が生活保護費を超えないと就労意欲が高まらない」という仕組みが下支えとなり相対的に賃上げ幅の上積みを可能にしたと考えられます。「社会保障は劣悪な労働条件を淘汰する」という仕組みを通じ、生活保護は賃金にプラスに作用するのです。生活保護削減は「今働けない人」だけでなく「今働いている人」の社会的生存権も「削減」することです。

2、非正規労働の貧困。有期労働契約法改悪

(1) 有期労働契約法改悪：入り口規制の見送りと契約期間延長

現在、大企業・財界、「構造改革」派の政治家、官僚等は、年金や生活保護の削減で社会保障からの追い出しを進めつつ、追い詰められて劣悪な処遇で働く非正規労働者をさらなる無権利状態に追い詰めようとしています。その具体的施策として有期労働契約法改悪を挙げることができます。この法律は2012年8月に公布され2013年4月から施行されていますが重大な問題を抱えています。

それは第一に「入り口規制」、「有期労働契約は臨時的・一時的業務に限定し例外と位置づけ制限する規制」を実現しなかったことです。かわりに法律は、労働契約が「一定年数」をこえて反復更新された場合、労働者の申し出で「期間の定めのない労働契約（無期雇用）」に転換する内容を盛り込んでいます。第二の問題はこの「一定年数」が「現状の3年」から「5年」に延長されることです。

(2) 有期雇用契約期間延長と熟練労働者非正規化の関係

「構造改革」派は「有期契約期間を短くすると労働者に不利」であり、「現行の3年規制は2年11ヵ月での解雇を助長する」と主張します。これは非正規雇用を固定化する決定的な誤りです。実は「有期契約期間を短くする」ことこそが正社員化を進める誘因になります。

2002年まで期間規制は1年でした。期間規制が1年だと「習熟に3年かかる

仕事」「習熟に５年かかる仕事」をする労働者は正規雇用しない限り企業の手に入りません。

　しかし2003年から有期労働契約の期間規制は３年になりました。すると「習熟に１年」「３年かかる仕事」をする労働者は雇い止め、非正規での繰り返し・使い捨て雇用される恐れが強まります。企業は３年以上雇用を継続し正規雇用化しなくても「習熟に１年」「３年かかる仕事」をする労働者を非正規の労働市場でいつでも雇用できます。「習熟に５年かかる仕事」をする労働者だけは３年以上雇用を継続し正規化しないと企業の手に入りません。

　2013年の改悪で期間規制が５年になり、企業は「習熟に５年かかる仕事」をする労働者であっても雇い止め、非正規での繰り返し・使い捨て雇用する恐れが強まっています。企業は５年以上雇用を継続し正規雇用化しなくても「習熟に１年」「３年」「５年かかる仕事」をする労働者を非正規の労働市場でいつでも雇用できます。企業は「習熟に５年より長くかかる仕事」をする労働者にしか正社員化、育成の誘因を持たなくなり、「習熟に５年かかる仕事」をする労働者は非正規・使い捨ての労働市場に投げ出されるわけです。

　だからこそ「有期契約期間を１年未満に短くする」ことが「１年以上の経験と熟練が必要な仕事」での正社員化を大企業に促す誘因になります。企業にとって労働者の経験と熟練は不要にはならないからです。「有期労働契約の期間規制５年延長」は労働者にとって経験と熟練が賃金に反映されないばかりか、非正規市場で格安で買い叩かれるということです。

３、電機正社員13万人大リストラという貧困

（１）電機産業リストラの実態

　社会保障から貧しい人々が追い出され、劣悪な条件での非正規雇用が拡大していくと、今度は正規雇用労働者が脅かされ、賃下げ、リストラ、非正規雇用への転換が進みます。その象徴が2012年から13年頃にかけて、社会問題化した電機大手の13万人に及ぶ大リストラです。もともと日本の電機産業は他の製造業と比べてもより多く正社員を解雇してきました。図２-６は、2001年から12年にかけて各産業における正規、非正規の増減数累計（単位：万人）が「輸送

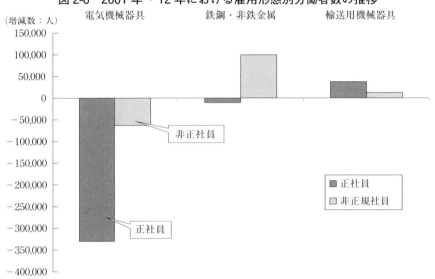

図2-6　2001年〜12年における雇用形態別労働者数の推移

出所：総務省「事業所・企業統計調査」「労働力調査」より筆者作成

機械」産業において「正規+3.8、非正規+1.3」、「鉄鋼・非鉄金属」産業において「正規-1.1、非正規+10.0」であるのに対し、「電機」産業において「正規-33.0、非正規-6.3」にものぼることを示しています。

(2) 電機リストラの原因とリストラ回避の可能性、必要性

　しかし、日本の電機産業の衰退の原因は、けっして労働者の賃金が高すぎるからでも能力が劣るからでもありません。日本の電機産業が1980〜90年代に世界一とされた半導体部門で外国企業に市場を奪われた原因は、①製造工程で最重要であり、長年日本企業同士で経験と知識を「摺り合わせ」暗黙知を埋め込んできた半導体製造装置や半導体化学材料をその運用技術者とともに外国企業に売却してきたこと、②短期的な費用削減視点で外国企業に「生産委託」し、製造工程ノウハウや技術者を供与したこと（以上、坂本雅子「電機・半導体産業で何が起きているか」『経済』2012年7月号所収）、③一時的な株価上昇や株式配当増配を目的にリストラを繰り返し労働者・技術者を外国企業に流出させてきたこと（藤田実「電機産業の経営責任とリストラ」『前衛』2012年12月号所収）が挙

表2-1　電機大手各社の人員削減計画と内部留保、賃上げ・雇用維持体力
　　　　（2012年3月）

企業名	削減計画数	内部留保額（億円）	1万円賃上げでの内部留保取崩率（%）	内部留保1%取崩による雇用増加人数（人）	削減計画撤回に必要な内部留保取崩率（%）
日立製作所	1,600人	27,495	2.12	9,165	0.17
東芝	3,050人	18,552	2.04	6,184	0.49
三菱電機	－	16,497	1.28	5,499	0.00
NEC	10,000人	5,586	3.52	1,862	5.37
富士通	2,450人	8,667	3.60	2,889	0.85
パナソニック	40,000人	33,043	1.80	11,014	3.63
シャープ	10,000人	5,505	1.86	1,835	5.45
ソニー	10,000人	26,249	1.12	8,750	1.14
ルネサス	14,000人	1,809	4.26	603	23.22
TDK	11,000人	1,700	8.38	581	19.41
リコー	10,000人	11,623	1.69	3,874	2.58
オリンパス	2,700人	1,600	4.40	533	5.06

出所：全労連・労働総研編『2013年国民春闘白書』より筆者試算作成

げられます。要するに経営者の失敗（技術・人材の流出）を労働者に償わせている、そのことがさらなる技術・人材の流出を招く、という負の連鎖です。

　このような負の連鎖を断ち切るためにも、電機大手13万人リストラは中止すべきであり、またリストラ回避は可能です。むしろ技術を守り育て電機産業を復活させるためにも国内で雇用と生産を維持するべきであり、電機大手各社はその「体力」を十分に持っています。**表2-1**は電機大手各社の人員削減計画数と内部留保額（資本準備金、利益準備金、各種引当金）とを示しています。各社とも内部留保の一部を労働者に還元することでリストラ計画を撤回し大幅な賃上げが可能です[4]。

（3）アベノミクス「正社員改革1」限定正社員制度

　第二次安倍政権は、社会保障改悪、非正規雇用拡大に向けた労働規制改悪と同時に、正社員の労働規制改悪を推し進めています。

　その第一は、「限定正社員制度（ジョブ型正社員）」の普及です。2013年5月の規制改革会議雇用WG「報告書」は、従来型の総合職正社員とは異なり「職

務、勤務地、労働時間など労働条件を限定する」正社員制度の創設、普及を提案しています。しかし、「職務、勤務地、労働時間など労働条件を限定する」かわりにはじめから賃金水準が低いこと、職務、勤務地の統廃合を理由に解雇が可能であること等、重大な問題が指摘されています。この「限定正社員制度」は、先述の「有期労働契約法改悪」や「労働者派遣法改悪・期間規制撤廃」などと考え合わせると、「非正規労働者の労働条件改善」としてではなく「正規労働者の労働条件改悪」として運用される恐れが高いでしょう。

（4）アベノミクス「正社員改革2」解雇の金銭解決制度

　第二は、「解雇の金銭解決制度」の検討です。2017年5月の厚生労働省「有識者検討会」は労働者側の強い反対を押し切り、秋の「労働政策審議会」での審議開始を促す「報告書」をまとめました。この「解雇の金銭解決制度」は、どのような不当解雇の解決も「職場復帰」でなく「解決金支払い」で可能にする制度です。この制度は「不当解雇で職場復帰が困難な労働者にせめて金銭保障をするもの」などと主張されますが、現状の法制度においても、「労働者側が希望すれば」不当解雇を金銭で解決することは十分に可能です。それにもかかわらず、財界・大企業が「解雇の金銭解決制度」に固執する理由は、「金さえ払えば、いつでもどんな理由でも解雇できる」「労働者の職場復帰を許さない」権限を手に入れたいからに他なりません。「いつでも解雇自由」な制度とは労働者が賃金や労働時間について実質的な交渉が不可能になる制度です。解雇規制権は労働者にとって全ての権利の源です。

4、「3つの貧困」を結ぶメカニズムと資本主義的格差

（1）社会保障バッシング、非正規化、正社員リストラの「負の連鎖」

　ここまで分析した現象は、いわば現代日本の「3つの貧困」と呼べるものですが、これらを科学的に理解するためには、失業者、非正規労働者、正規労働者における「貧困の負の連鎖」と「その運動」として一体で捉える必要があります。他の先進国と比べ格段に貧しい社会保障制度からバッシングにより追い出された人々は、追い詰められ「フルタイムで働いても食べていけない」層を

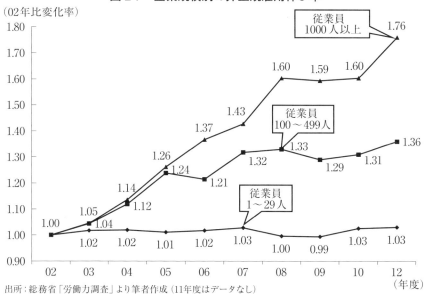

図 2-7　企業規模別の非正規雇用伸び率

出所：総務省「労働力調査」より筆者作成（11年度はデータなし）

形成します。この層が分厚くなり、有期労働契約を何度も繰り返して使い捨てられる人が増えると、中核的正社員層は非正規や周辺的正社員、限定正社員に置き換えられ、労働条件の悪化、賃金の引き下げ、リストラが進みます。また正規のリストラが進むと非正規層はいっそう分厚くなり労働条件は低下し、食べていけない怒りは社会保障へのバッシングを生み、貧しい人はさらに追い詰められます。

（２）大企業の非正規積極活用による高収益。階級格差の利用

　非正規雇用の増大が言われて久しいですが、図２-７は、2002年から12年にかけて従業員１〜29人の小企業は非正規雇用数がほぼ変わらない（1.03倍）のに対し、本来「体力」のある従業員1000人以上の大企業が非正規雇用を1.76倍に増やしていることを示しています。

　図２-８は「年収200万円以下労働者（働く貧困層）と年収400万円〜900万円労働者（中間層）の推移」を示しています。両者の1995年の数値を基準値100％とすると、2014年において「年収200万円以下労働者（働く貧困層）」は

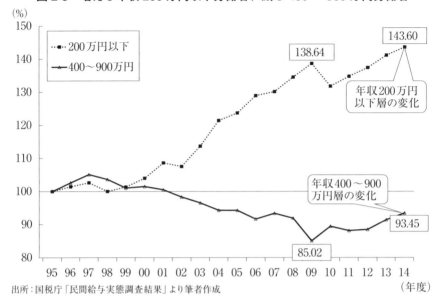

図2-8　増える年収200万円以下労働者、減る400〜900万円労働者

出所：国税庁「民間給与実態調査結果」より筆者作成

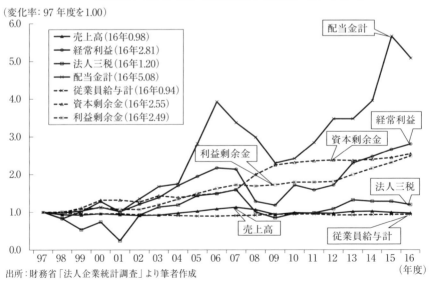

図2-9　資本金10億円以上大企業の配当、剰余金、経常利益、売上高、法人三税、従業員給与の推移（97年を1）

出所：財務省「法人企業統計調査」より筆者作成

143.60％に増加し、「年収400万円〜900万円労働者（中間層）」は93.45％に減少しています。

　同時にこの貧困を利用することで大企業の資本蓄積は進みました。**図2-9**は、1997年を基準として「構造改革」「アベノミクス」時代における資本金10億円以上大企業の株主配当金、資本剰余金、利益剰余金、経常利益、売上高、法人三税、従業員給与の変化を表しています。売上高はほぼ横ばい（0.98倍）であるのに、株主配当は大きく5.08倍にも増加しています。また単年度経常利益は世界金融危機で一時的に下がるものの再び盛り返し2.8倍を超えており、剰余金も着実に蓄積（2.5倍）されています。その一方で従業員給与は一貫してマイナスで推移（0.94倍）し、法人三税も世界金融危機後、マイナスに落ちこみ、その後も利益、剰余金の伸びにはるかに及ばない1.20倍にとどまります。要するに売り上げは伸びないのに賃金コストを下げて経常利益を生みだし株主配当と剰余金に分配しているのです。現代日本の「格差」を理解するには、「貧困の連鎖で繋がれた労働者・国民」と「その貧困を利用して膨大な利潤を蓄積している大企業」との「資本主義的格差」「階級格差」を捉える必要があります。

5、マルクス「資本の蓄積に照応する貧困の蓄積」論に立ち返り考える

（1）生産性の向上と失業・半分失業、貧困の利用による蓄積の増大

　資本主義の下で一方における資本蓄積と他方における貧困を「資本の蓄積に照応する貧困の蓄積」として一体のメカニズムで捉えたのはマルクス『資本論』です。そしてこの「一体のメカニズム」は資本によるリストラ・合理化、生産性の向上により生み出された「いつでも使える搾取可能な人間材料（同④1087頁）」「産業予備軍」の利用を核心としています。これまで述べてきた不安定雇用、不規則就業、頻繁な失業を特徴とする非正規労働者（「産業予備軍」）の増大に正規労働者（「産業現役軍」）が引きずられ、労働者全体の貧困の連鎖とそれをテコにした資本蓄積が進む法則を、マルクスは『資本論』第一部第七篇第二三章第三節で「相対的過剰人口または産業予備軍の累進的生産」として明らかにしました。

①マルクスは、競争の強制による生産性向上の結果、「労働者階級の就業部分の過度労働」が新たなリストラにつながり「予備軍隊列を膨張させ」、また「この予備軍隊列がその競争によって就業者に加える圧迫の増加」が、「就業者に過度労働と資本の命令への服従を強制する」と考えます（同④1093頁）。

　②つまりマルクスは正規労働者（産業現役軍）の「過度労働」による非正規労働者（産業予備軍）の「強制的怠惰への突き落とし」「およびその逆のこと〔強制的怠惰が逆に他の部分の過度労働への突き落としを招くこと〕」が「資本家の致富手段となり」「同時に……産業予備軍の生産を速める」としています（同④1093－4頁）。

　③さらにマルクスは「労働の価格は需要と供給のバランスで決まる」「景気の良し悪しで決まる」という「常識」をくつがえします。資本は、この「現役軍」と「予備軍」との対立を利用することで、景気変動や労働需給の不均衡、それによる賃金の変動を、資本蓄積に適合する範囲にコントロールするとしています。

「産業予備軍は、停滞と中位の繁栄との期間中（労働需要＜労働供給――筆者）には現役労働者軍を圧迫し、過剰生産と興奮との期間中（労働需要＞労働供給――筆者）には現役労働者軍の要求を押さえ込む。したがって、相対的過剰人口は、労働の需要供給の法則が運動する場の背景である。相対的過剰人口は、この法則の作用範囲を、資本の搾取欲および支配欲に絶対的に適合する限界内に押し込める」（同④1098頁）。

　ここではまず、「労働需要＜労働供給」の場合、労働の過剰供給を利用した予備軍の圧迫で現役軍の過度労働は促され、労働供給の強化、過度労働がおこります。今度は逆に、「労働需要＞労働供給」の場合、生産性向上で予備軍が新たに供給され、予備軍の圧迫で現役軍の過度労働も促され、「労働者供給」から「独立」した「労働供給」の強化がおこります。

　④このように、資本が表向き「賃金は労働の需給関係で決まる」と言いながら、裏では「労働強化、生産性向上によるリストラ、過剰人口の生産」によって労働の需給関係をコントロールしていることを、マルクスは「いかさま」のサイコロ賭博に例えています。

「"サイコロはいかさまだ"。資本は、その両面（労働需要と労働供給――筆者）に同時に作用する」（同④1099頁）。

第2章　構造改革、アベノミクスの貧困、生活保護バッシングと『資本論』

　ここでのサイコロに仕組まれた「いかさま」とは「生産性向上」による「過剰人口の生産（「労働者の遊離」）」です。どちらの「目（労働需要＞労働供給、労働需要＜労働供給）」が出ても常に「失業者の圧迫が就業者により多くの労働を流動させるように強制し」、「労働供給を労働者供給から独立させ」ます。結果として賃金は抑え込まれ労働は強化されリストラでまた新たな過剰人口が生まれるのです。マルクスは、このような労働者階層間の対立、貧困の連鎖を利用した資本蓄積を「資本の専制支配」と呼びました（④1099－1100頁）。

（２）タウンゼンドの「貧困・飢餓を利用した苦役賛美」「救貧法批判」論

　最後にマルクスは「相対的過剰人口の最深の沈澱物」「現役労働者軍の廃兵院」「産業予備軍の死重」としての「受救貧民」の存在と機能について指摘しています。（同④1105－1106頁）。ここで　マルクスは、「受救貧民」層を形成するような貧困、飢餓の存在を、その貧困ゆえに社会の底辺を支える労働を促し、結果「富の必然的条件」をなすものと「賛美」したタウンゼンドという僧侶を批判しています（同④1110頁）。

　マルクスの紹介によると、タウンゼンドという富裕層の代弁者は、彼の言う「社会のもっとも卑しく、もっとも不潔で、もっとも下等な職務を果たす貧民」の存在を、その苦役により「高雅な人々」の「幸福」を「増加」する「自然法則」と捉えます（同④1110頁）。

　そしてタウンゼンドは、貧困ゆえにすすんで苦役を引き受け、資本家、富裕層の富を増やす貧困層を「救貧法」・社会保障で救うことは「秩序」の破壊であると批判するのです。

　「『……救貧法は、神と自然がこの世に打ち立てたこの制度の調和と美、均斉と秩序を破壊する傾向がある』」（同④1110頁）。

　まさに貧しい人は社会保障に依存せず（資本家・富裕層のために）働きなさいという、社会保障からの追い出し、生活保護バッシングの原型が18世紀の英国に存在したのです。

　マルクスはこれまで述べた貧困の連鎖を解決するヒントとして「長時間過密労働への規制による新規雇用の創出」を挙げています。

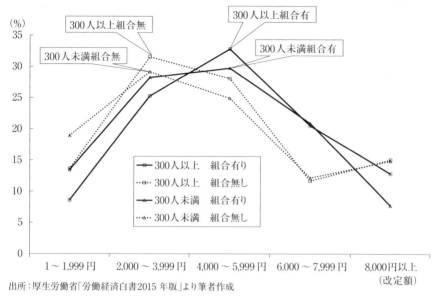

図2-10 企業規模別・組合の有無別の賃金改定水準の分布（2014年）

出所：厚生労働省「労働経済白書2015年版」より筆者作成

「全般的に労働が合理的な程度に制限され、労働者階級のさまざまな層にたいして労働が年齢と性とにふさわしく等級別に再配分されるならば、現在の規模で国民的生産を継続していくには、現存の労働者人口では絶対的に不十分であろう。現在、『不生産的』な労働者の大多数が『生産的』な労働者に転化されなければならないであろう」（同④1094頁）。

またマルクスは、労働者が「"労働組合"などによって就業者と失業者とのあいだの計画的協力を組織」することは、「産業現役軍の過労」と「予備軍」の失業、半失業を共に規制し、相対的過剰人口の法則＝「資本の専制支配」を「攪乱（かくらん）」すると主張しています（同④1100頁）。図2-10は、「企業規模別・組合の有無別の賃金改定水準の分布」を示しています。結果は、企業規模に関わらず賃金改定額（月額）の最頻値が「組合のある企業4000～5999円」に対し「組合のない企業2000～3999円」となっています。組合要求、交渉がより高い賃金の必要条件であることは間違いありません。そして日本の労働者・労働組合は今よりもっと活躍できる可能性を秘めています。図2-11は「労働争議による労働損失日数の国際比較」を示しています。「労働損失日数」とは「スト参加

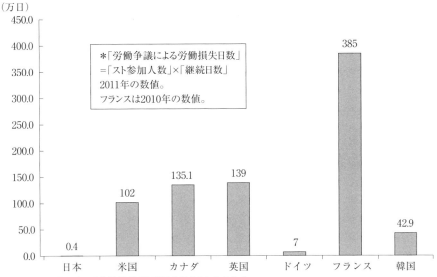

図2-11 労働争議による労働損失日数の国際比較（2011年）

出所：労働政策研究・研修機構『国際労働比較』より筆者作成

表2-2 賃上げ、雇用条件改善による経済効果

	現金給与総額の増加（兆円）	家計消費支出の増加（兆円）	付加価値（≒GDP）誘発額	国・地方の税収増加（兆円）	施策による新規雇用（万人）	国内生産増による雇用誘発	原資が内部留保に占める割合（%）
1 働くルールの確立	16.95	10.17	8.70	1.49	464.8	875.3	3.12
①不払い残業の根絶	10.70	6.42	5.50	0.94	300.4	553.1	1.97
②年休完全取得	5.76	3.45	2.95	0.51	151.5	297.2	1.06
③週休2日完全実施	0.49	0.29	0.25	0.04	12.9	25.0	0.09
2 非正規雇用の正規化	6.10	5.42	4.52	0.77		54.69	1.12
3 最低賃金時給千円	2.78	2.47	2.06	0.35		24.96	0.51
4 春闘要求2万円実現	14.79	8.87	7.42	1.27		98.52	2.72

出所：労働運動総合研究所「2016年春闘提言」。
「新規雇用者」の雇用条件は「賃金構造基本調査」勤続0年の月額21.6万円、年収260万円。

人数×継続日数」と定義されます。先進諸国の労働者・労働組合は、日本に先んじて大規模な闘いを繰り広げています。日本の労働者・労働組合が世界の労働者・労働組合と連帯して闘えば、その可能性は巨大です。**表２−２**は「賃上げ、雇用条件改善による経済効果」を示しています。例えば法律違反であり直ちに解決しなければならない「不払い残業の根絶」は、労働者階級の「現金給与総額を10.7兆円」「家計消費支出を6.4兆円」「税収を約１兆円」「ワーク・シェアによる正社員新規雇用を300万人」、波及的に増加させます。

　このような事実を知り、失業・就職難や不安定雇用をなくし正社員が当たり前の社会をつくる知恵を絞る時、マルクス『資本論』には立ち返るべき本質が確かにあります。

注
（１）この点は関野秀明「現代日本の格差論争と『資本論』―資本蓄積にみる格差の本質―」『経済』2008年10月号（No.157）、146−157頁、新日本出版社を参照してください。
（２）「相対的貧困率」とは「勤労者所得の中央値の半分以下の人の割合」のことで、例えば2012年の日本において中央値が244万円、よって年収122万円以下の人の割合となります（厚生労働省「国民生活基礎調査」2014年７月）。
（３）統計における日本の「低失業率」は注意が必要です。日本における「完全失業」の定義は毎月の最終週において１時間も労働せず、なおかつ職業安定所で求職活動した者です。さらに日本の女性は厳しい性差別と過重な家事責任のもと、専業主婦（非労働力）とパート労働を行き来し「失業者」にならないことも「日本の低失業」に影響しています。
（４）ここで月「１万円賃上げ」は賞与６ヵ月と合わせ「年18万円賃上げ」に正社員数を乗じたものです。またここでの雇用は「年収300万円」を基準にしています。

第3章　アベノミクスの貧困と戦争への道
——世界市場開拓と『資本論』

　2014年7月2日、厚生労働省は「国民生活基礎調査」において「生活が苦しい」と感じている世帯が62.4％あり、1986年の調査開始以降、過去最高と発表しました。他方で、7月16日、内閣府「経済財政諮問会議」において安倍首相は「現在は、四半世紀ぶりの良好な経済状況を達成しつつある」と述べています。この「認識の格差」の原因は、単純に安倍首相が庶民の生活事情を知らないだけではなく、安倍政権が拠って立つ大企業・富裕層と私たち労働者・勤労市民との「経済実態の格差」「矛盾した関係」にあります。

　本章は、この「矛盾した関係」を解明するため、第一に現代日本の「構造改革政治」、アベノミクス成長戦略が「働く貧困」を増やし社会保障の削減を進め国民経済を停滞させながら多国籍企業化・海外進出による高蓄積へ突き進む現状を統計的に分析します。第二にこのような貧困、格差、国内経済の停滞が世界市場開拓と戦争を法則的に生みだす本質をマルクス『資本論』における「恐慌と世界市場論」に立ち返り理論的に分析します。そして「構造改革政治」、アベノミクスの下で進む貧困、格差、生存権の切り捨てと戦争する国づくりが資本主義の一体的で法則的な運動に基づくことを解明します。

1、現代日本の貧困の特徴　生活苦、非正規増大、正規の処遇低下

（1）生計費の低下と賃金、可処分所得の低下

　いくつかの統計データを読み解くことで、現代日本における貧困の特徴が見えてきます。表3-1は、人事院が「国民一般の標準的な生活の水準」＝「標準生計費」を世帯人員別に算定したものです。民主党政権下にあった2010年〜12年と第二次安倍政権下の2013年以降とを比較すると、全般的な結果は、全ての世帯モデルで標準生計費が低下・節約傾向にあります。また単純にそれぞれ

表3-1 世帯人員別標準生計費（全国平均、各年4月月額・単位：円）の推移

	世帯人員	1人	2人	3人	4人	5人
合計	2010年	123,360	191,130	210,360	229,600	248,830
	2011年	117,390	169,340	196,930	224,520	252,090
	2012年	117,540	175,850	201,950	228,050	254,160
	2013年	120,800	168,720	195,220	221,680	248,150
	2014年	121,200	179,580	199,600	219,630	239,660
	2015年	114,720	158,890	187,120	215,350	243,580
	2016年	115,530	170,520	196,470	222,440	248,420

出所：「人事院勧告」各年参考資料より筆者作成

の世帯モデルにおいて節約に努めているだけでなく、「二人世帯にならない（結婚しない）」「三人世帯にならない（子どもをもうけない）」といったような、「究極の選択」に追い詰められている恐れすらあります。

　この生計費切り詰めの原因は賃金の低下です。図3-1は日本の労働者平均給与（年収）と雇用者報酬（被雇用者の報酬、社会保険料事業主負担等の総計）が1997年をピークに低下傾向となりリーマン・ショックの落ち込みを回復できず、2015年時点で95年水準にすら届いていないことを示しています。この労働者平均給与はリーマン・ショックの年、2009年に406万円にまで低下し、その後の6年間で約14万円、3.6％程度上昇しています。しかし、2014年には消費税が3％増税され、生鮮食料品等の価格高騰を鑑みると、実質的に賃金・所得は低下しています。事実、図3-2は、「二人以上の勤労者世帯の実質可処分所得（勤労者所得－税・社会保険料負担）」が97年のピークから下がり続け、16年にはおよそ41万円という30年前（1985年）の水準にまで低下してしまったことを示しています。

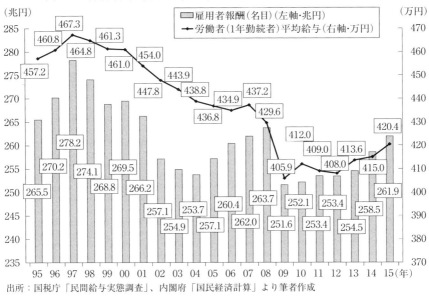

図 3-1　労働者平均給与（年間）と雇用者報酬（名目値）の推移

出所：国税庁「民間給与実態調査」、内閣府「国民経済計算」より筆者作成

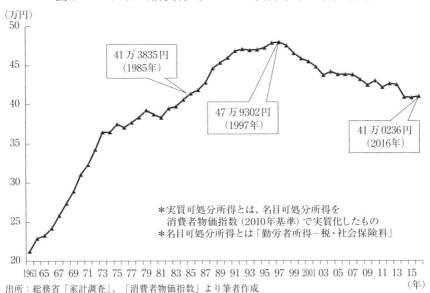

図 3-2　二人以上勤労者世帯における実質可処分所得の推移

＊実質可処分所得とは、名目可処分所得を消費者物価指数（2010年基準）で実質化したもの
＊名目可処分所得とは「勤労者所得－税・社会保険料」

出所：総務省「家計調査」、「消費者物価指数」より筆者作成

（２）失業率低下と半失業率の上昇、結果としてのワーキング・プア増大

　平均賃金・可処分所得低下の原因は正社員リストラと非正規雇用増大です。図３-３は一貫して正規労働者が減り非正規労働者が増えていること、また正規労働者の代替として派遣等のフルタイム型非正規労働者が増えていることを示しています。アベノミクスの下でも雇用の質が劣化する傾向は止まりません。図３-４は、第二次安倍政権発足直前の2011年10－12月期から17年１－３月期まで、完全失業者が減少（4.0％→2.9％）しながら「転職を希望し求職活動している」半失業者が横ばい（4.0％→4.0％）、「転職を希望し求職活動していない」（転職したいが諦めている）半失業者が増大（5.6％→8.1％）していることを示しています。つまり第二次安倍政権を通じて「失業率＋転職希望求職者率＋転職希望非求職者率」＝「失業率と半失業率の合計」は13.6％から15％へ増大していること、劣悪な労働条件でも我慢して働いているが「早く辞めたい」「辞めたいがより良い労働条件は期待できず諦めた」労働者が増えていること、を示しています。

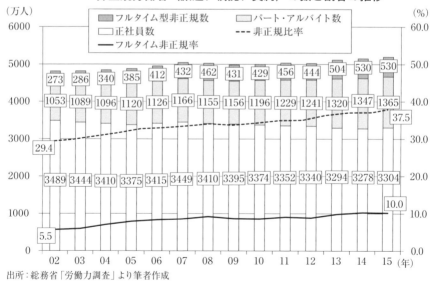

図3-3　正規労働者数、パート・アルバイト数、フルタイム型非正規労働者（派遣、嘱託、契約）の数と割合の推移

出所：総務省「労働力調査」より筆者作成

図 3-4　完全失業者、転職希望求職者、転職希望非求職者の数と割合の推移

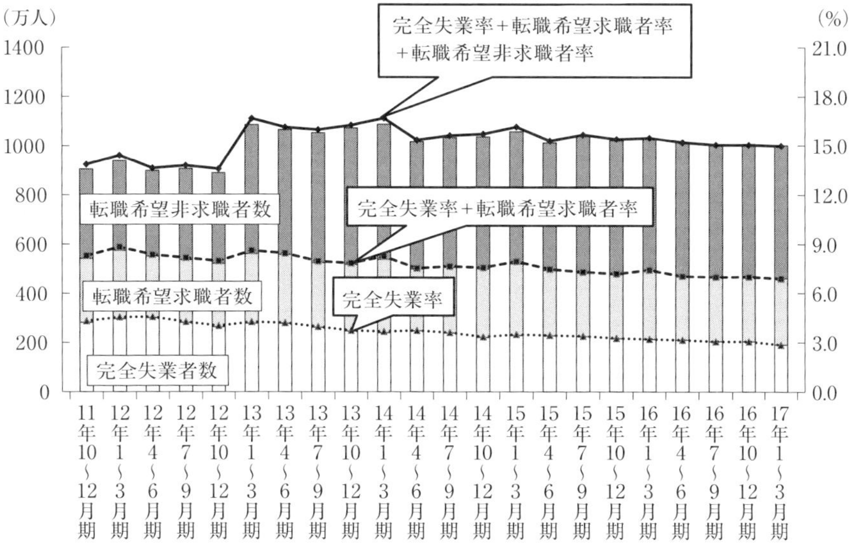

グラフ内ラベル：
- 完全失業率＋転職希望求職者率＋転職希望非求職者率
- 完全失業率＋転職希望求職者率
- 転職希望非求職者数
- 転職希望求職者数
- 完全失業率
- 完全失業者数

出所：総務省「労働力調査」より筆者作成

　「劣悪な雇用でも失業よりマシ」ではありません。正規労働者の代替として非正規労働者が増えることは、残された正規労働者の労働条件引き下げの強い圧力として作用します。**図3-5**は、02年から12年にかけて企業の中核である40代男性正社員の週間労働時間が、特に週49時間以上働く労働者が増える等、いっそう長時間化したことを示しています。また**図3-6**は、15歳から44歳までの正社員、派遣社員、契約・嘱託社員からなる「フルタイム就労者」におけるワーキング・プアの増大を示しています。ここで言うフルタイム就労のワーキング・プアとは、15〜24歳で「年収150万円以下」、25〜34歳で「200万円以下」、35〜44歳で「250万円以下」のフルタイム労働者のことです。また「ワーキング・プア予備軍」とは、先のワーキング・プア基準に「＋年収50万円」層のフルタイム労働者のことです。15〜44歳フルタイム労働者2255万人の28％、624万人がワーキング・プア＋予備軍層を形成しています。

（3）ワーキング・プア増大と労働者派遣法「期間規制」撤廃

　このような雇用の劣化による正規、非正規全体の貧困の進行は、2015年秋に

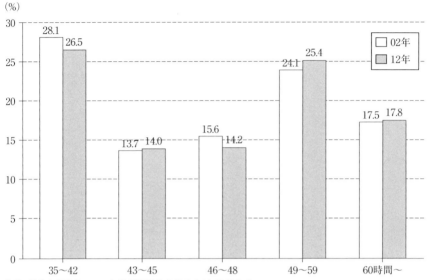

図3-5　40代男性正社員の週間就業時間分布

出所：総務省「平成14、24年就業構造基本調査」より筆者作成

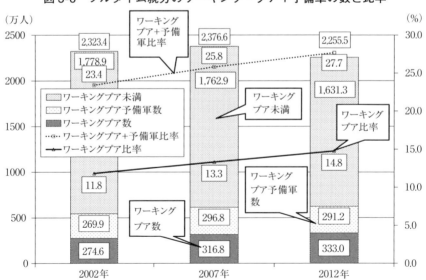

図3-6　フルタイム就労のワーキング・プア＋予備軍の数と比率

出所：総務省「就業構造基本調査」より筆者作成

強行された「労働者派遣法改悪（期間規制撤廃）」により一層の悪化が懸念されます。「改悪前」の労働者派遣法は、「専門26業務」のみ期間制限を設けず、それ以外の仕事は「原則１年最長３年」の期間規制、無期雇用への転換を義務付けていました。しかし、「改悪後」は、派遣会社と無期契約する常用型派遣は期間制限なし、派遣会社に登録する登録型派遣は３年毎に人を入れ替えるか部署を入れ替えるかで派遣継続可能になりました。これは原則として禁じられていた「常用代替」（正社員の仕事を派遣社員で代替すること）を認め、事実上、全ての派遣労働を永久化してしまいます。リーマン・ショック時に、常用型派遣、登録型派遣、共に75％以上が解雇、派遣切りされた経緯からも、このような不安定雇用の拡大が正規、非正規を問わない労働条件改善の障害となることは明らかです。

２、現代日本の格差の特徴　大企業・富裕層の高収益と労働者の低賃金

（１）大企業経常利益、剰余金の増大

　このような貧困をテコとして大企業の資本蓄積、富裕層の蓄財が進むところに、現代日本の格差の特徴があります。図３-７は、資本金10億円以上の大企業における単年度「経常利益」、内部留保の中核である「資本剰余金（金融取引利益の蓄積額）」「利益剰余金（本業利益の蓄積額）」の変化を示しています。16年度において経常利益は42.4兆円、資本剰余金は102.8兆円、利益剰余金は196兆円に増加します。この大企業利潤の３指標は、いずれも第二次安倍政権誕生以来、過去最高水準を更新し続けています。このような大企業利潤、蓄積が労働者・勤労市民の賃金・所得低下を「てこ」として生み出されているところに、問題の本質、搾取・収奪があります。

（２）所得の二極化と中間層衰退

　大企業・富裕層による労働者への収奪を基礎として、貧富の格差が拡大しています。総務省「家計調査」は、02年から16年にかけて、二人以上の全世帯において貯蓄額「100万円未満」階層（8.3％から11.5％へ）と貯蓄額「4000万円以上」階層（9.7％から11.4％へ）だけが増加し、貯蓄額「100万円以上4000万円未

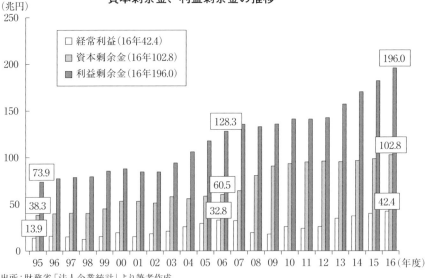

図3-7　資本金10億円以上の大企業における経常利益、資本剰余金、利益剰余金の推移

出所：財務省「法人企業統計」より筆者作成

満」の中間層が衰退（82.1％から77.1％へ）していることを明らかにしています。大企業利潤の拡大と株価上昇、株式配当増加を背景に、低所得者層と高所得者層との二極化が進んでいます。

3、働く貧困と社会保障削減の悪循環

（1）脆弱な社会保障と「働く貧困」への誘導

　日本の貧困におけるさらなる特徴は、社会保障の削減が「働く貧困」を余儀なくし、悪循環・「貧困のループ」を形成していることです。

　図3-8は「政策分野別社会保障支出の国際比較」を示しています。日本の社会保障支出総額は欧州福祉国家と比べ「対GDP比」1.8（対独）〜8.5（対仏）％少なくなっています[1]。また個別分野において日本の障害者対策はスウェーデンの1/4、家族・子育て対策は英国の1/3、失業対策はドイツの1/5、住宅政策は英国の1/14です。このような「社会保障の貧困」は、労働者が普遍

図3-8 政策分野別社会保障支出（対GDP比）の国際比較（2013年）

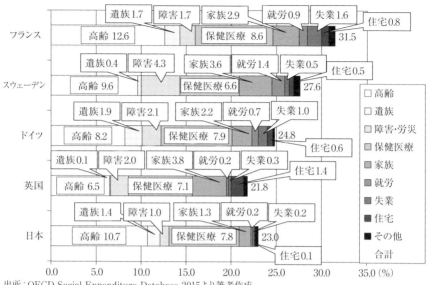

出所：OECD Social Expenditure Database 2015より筆者作成

的な人権・生存権として社会保障を利用することを妨げ、目前の貧困から逃れるために、労働者に「働く貧困」を受け容れさせる強い圧力となります。アベノミクス「社会保障改革」は、生活保護基準を平均6.5％削減し「自立・就労支援」で追い詰める、年金をマクロ・スライドで削減して老人を低賃金労働に追い詰める、介護保険給付を削減しその家族を不安定就労に追い詰めます。また医療費自己負担の増大、医療保険料の高騰は家族の医療費捻出のための過度労働に人々を追い詰めます。そして弱い社会保障ゆえの「働く貧困」の蔓延は「福祉に甘えるな」「とにかく働け」という社会保障バッシングを生み、病人や老人を「働く貧困」へさらに追い詰めていきます。

（２）国民健康保険「都道府県化」と高すぎる国保料

　安倍政権は18年度より「国民健康保険の都道府県化（広域化）」移行を決定しています。国保都道府県化の下で、都道府県は命令権を行使して「地域医療構想」に基づき病床・入院の削減・抑制を進めます。その時、「医療費削減目標に従わない自治体」「国保料の未納者が多く収納率の低い自治体」に対して

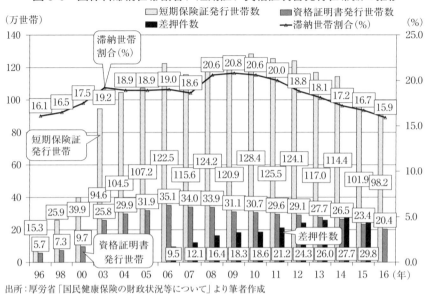

図 3-9 国保料滞納世帯割合、短期証、資格証明書発行世帯数の推移

出所：厚労省「国民健康保険の財政状況等について」より筆者作成

「相対的に」高い保険料率・分賦金命令を課すことになります。逆に「医療費削減目標に従順な自治体」「国保料の未納者に対し保険証取り上げや資産差し押さえ等により収納率目標を達成する自治体」に対して「相対的に」抑制した保険料率・分賦金命令を課すことになります。また仮に都道府県が市町村に課す「保険料・分賦金」が平等な「標準保険料・分賦金」になったとしても、保険料収納率が低く未納者が多いと、他の被保険者の一人当たり保険料・分賦金が増える仕組みになっています。現在、「高過ぎる国保料」を抑制するため、市町村が投入する「一般会計法定外繰入金」（補助金）は廃止されます。要するに国保都道府県化の本質は、地域ごとの医療費削減と保険料取り立ての仕組み、病床削減に協力しない医療機関や保険料が払えない被保険者に制裁を加える仕組み、つまり私保険主義への変質です。

図3-9は、2割近い国保料滞納世帯、100～120万件の「短期保険証（滞納1年未満）」発行、約30万件の「保険証取り上げ（滞納1年以上）」という状況下で、自治体が保険料未納世帯の財産差し押さえに乗り出し、15年には29.8万件の差し押さえが強行されたことを示します。

図 3-10　一人当たり平均国保料と国保収入総額に占める国庫支出金割合推移

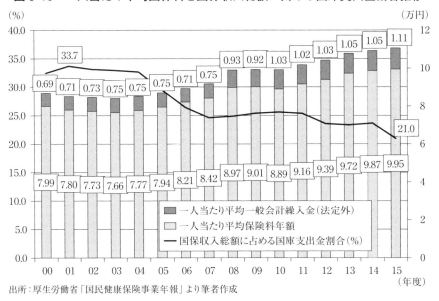

出所：厚生労働省「国民健康保険事業年報」より筆者作成

　しかし、被保険者世帯の16～20％に達する国保料未納の原因は何でしょうか。図3-10は、2000年以降だけでも「一人当たり国保料」が8万円から10万円にも高騰したことを示しています。「課税所得200万円程度のモデル世帯が4人家族で40万円近い保険料を負担する」、この過酷な実態が2割近い未納の原因です。このような国保料高騰の原因は、2000年代初めに国保財政収入の33.7％あった国庫支出金が21.0％まで削減されたことです。社会保障制度としての社会保険であるにもかかわらず、また健保組合や協会けんぽにも加入できない国民のセーフティーネットとしての役割があるにもかかわらず、政府は、「保険は保険料だけで運営すべき」「保険料が払えない人は保険適用から外れるべき」という「保険原理」を強調し「生存権原理」を後退させてきました。しかし、多くの医療関係者や市民の粘り強い運動の結果、図3-10にあるように、自治体財政の補助金「一般会計法定外繰入金」が一人当たり1万円程度投入され、高すぎる国保料を軽減する手段となってきました。しかし、今回の「国保都道府県化」はこの「一般会計法定外繰入金」を認めないとしています。政府は、当面の激変緩和措置として、国庫支出金による補填(ほてん)を表明しています

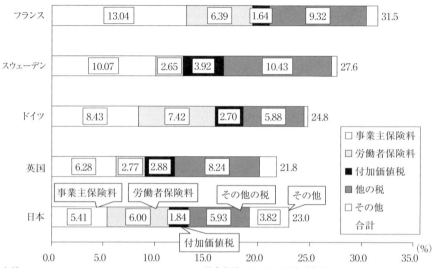

図 3-11 社会保障財源の内訳（対 GDP 比）の国際比較（2013 年）

出所：OECD Social Expenditure Database 2015、社会保障・人口問題研究所資料、Euro Stat 資料より筆者作成

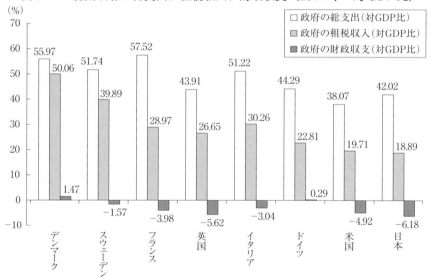

図 3-12 各国政府の総支出、租税収入、財政収支（2014 年・対 GDP 比）

出所：OECD Stat. 資料より筆者作成

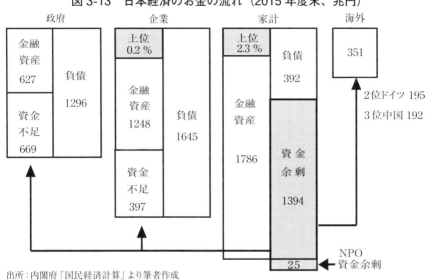

図 3-13　日本経済のお金の流れ（2015 年度末、兆円）

出所：内閣府「国民経済計算」より筆者作成

が、将来の制度的後退が大変懸念されます[2]。

（3）財政赤字の本当の原因と応能負担による財源確保

　このような「社会保障の貧困」を解消する方法は、「税金の集め方と使い方を抜本的に改める」ことです。**図 3-11**は「社会保障財源の国際比較」を示しています。ここでは次のことが明らかです。①欧州福祉国家の第一の財源は「付加価値税」ではなく「社会保険料事業主負担分」であること、②日本の「社会保険料労働者負担分」は欧州福祉国家並みに高いこと、③日本だけが社会保険料の「労働者負担」が「事業主負担」より大きいこと、④日本の「付加価値税」の負担割合は欧州福祉国家と大差ないこと、⑤日本の「その他の税」負担は相対的に低いこと。よって社会保障財源を確保するためにも、増税による景気悪化・税収減少を避けるためにも、支払い能力に応じた課税（応能負担）に転換しなければなりません。中小企業への税・保険料減免を拡充しつつ大企業・富裕層への課税強化が必要です。**図 3-12**は「各国政府の総支出、租税収入、財政収支」を示しています。日本の財政収支は大幅な赤字です。しか

図 3-14　純金融資産保有額別「世帯数」「保有資産規模」

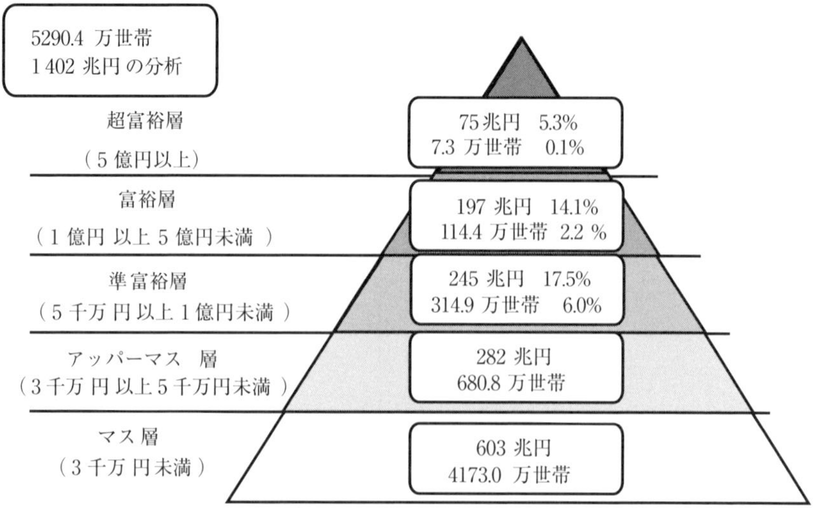

5290.4 万世帯
1402 兆円の分析

超富裕層
（5億円以上）
75 兆円　5.3%
7.3 万世帯　0.1%

富裕層
（1億円以上5億円未満）
197 兆円　14.1%
114.4 万世帯　2.2%

準富裕層
（5千万円以上1億円未満）
245 兆円　17.5%
314.9 万世帯　6.0%

アッパーマス層
（3千万円以上5千万円未満）
282 兆円
680.8 万世帯

マス層
（3千万円未満）
603 兆円
4173.0 万世帯

出所：野村総合研究所調査 2015年より筆者作成

し、財政赤字の原因は社会保障支出等の「総支出の多さ」ではありません。「総支出」は米国に次いで少なく、日本は「小さな政府」と言えます。社会保障支出を含め「総支出」が小さいにもかかわらず財政赤字に陥る原因は、米国をも下回る「租税収入の少なさ」です。図3-13は「日本経済のお金の流れ（資金循環図）」を示しています。政府部門は1300兆円近い先進国最大の負債を持ちます。しかし同時に政府は627兆円、先進国最大の金融資産も保有します。具体的には現金110兆円、投資信託受益証券192兆円、対外証券投資174兆円等です。したがって「いますぐ社会保障を削減しないと破産する」という見解は誤りです。

　それでも670兆円近い資金不足にあることも事実です。企業部門は1200兆円を超える金融資産があり、そのうちの25%・300兆円は上位0.2%の大企業（資本金10億円以上）が所有しています。しかし、大多数の中小企業は、金融機関借入で経営されており、資金不足が400兆円ほどあります。この政府部門、企業部門の資金不足を賄っているのが家計部門です。家計は負債を差し引いても1400兆円近い純金融資産があります。図3-14は家計部門における「純金融資

産保有額別　世帯数、保有資産規模」を示しています。1400兆円の純金融資産のうち約20％・272兆円を上位2.3％の富裕層（純金融資産1億円以上の世帯）が保有していることがわかります。結果、日本経済は、政府、企業の赤字を家計の黒字で賄い、さらに海外に351兆円の純貸越をもつ「世界一のカネ余り国」（2位ドイツ195兆円、3位中国192兆円）です。政府は高齢化のため毎年3兆円の社会保障給付費自然増（うち公費負担・一般歳出社会保障関係費自然増1兆円）を抑制しないと財政、社会保障制度そのものが持続不可能になると主張します。しかし、上位0.2％の大企業金融資産300兆円、上位2.3％富裕層の金融資産272兆円の「わずか0.5～0.6％・3兆円」を企業、家計部門から政府部門に税として移転すれば、消費税を上げることなく、計画されている全ての社会保障削減を回避することができます。

4、矛盾の反動的打開　多国籍企業化・海外直接投資と安全保障政策の転換

(1) 構造改革、アベノミクスによる内需不振と多国籍企業化

　非正規増大、正規リストラ、社会保障削減という「構造改革」政治、アベノミクス「成長戦略」は、日本経済を「成長の好循環」どころか「停滞の悪循環」へ導いています。

　図3-15は、アベノミクスが「雇用者報酬」のマイナス回帰に陥り、「民間需要」が脆弱なため、プラス成長の維持が難しい現実を示しています。「現実の成長率―設備フル稼働時の潜在的成長率」である「GDPギャップ」もマイナス基調にあり、日本経済は明らかに「需要不足の停滞」に陥っています。

　同じく図3-15は、日本経済が円安による「海外需要（輸出）」依存型成長にも失敗していることを示しています。アベノミクス・円安の下で、輸出「金額」増大の時期がある一方、輸出「数量」が伸び悩んでいることは、政府統計も認めるところです[3]。円安が日本国内の生産「数量」増大による本格的な輸出主導型成長に結びつかない最大の理由は、日本の大企業体制の多国籍企業化・海外現地生産・直接投資の増大です。

　図3-16は、「日系多国籍製造企業607社の海外生産、売上、収益比率の推移」を示しています。2015年に日系多国籍大企業は「海外生産比率36.0％」「海

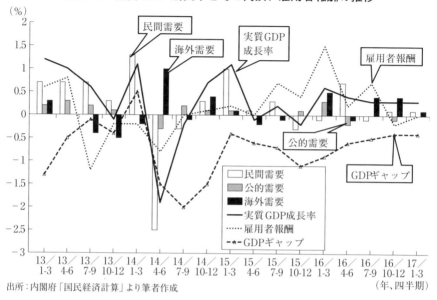

図3-15 実質GDP成長率とその内訳、雇用者報酬の推移

出所:内閣府「国民経済計算」より筆者作成

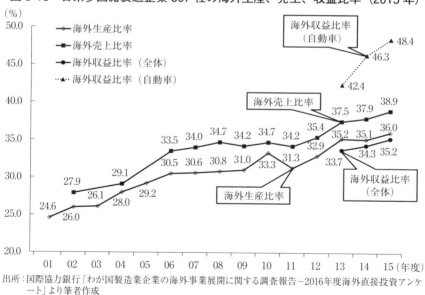

図3-16 日系多国籍製造企業607社の海外生産、売上、収益比率(2015年)

出所:国際協力銀行「わが国製造業企業の海外事業展開に関する調査報告－2016年度海外直接投資アンケート」より筆者作成

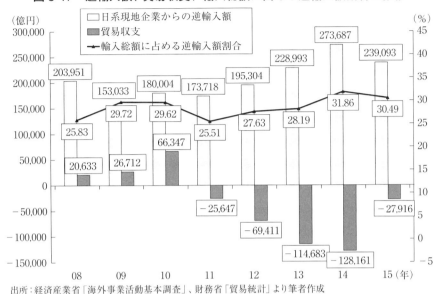

図 3-17 逆輸入額、貿易収支、輸入総額に占める逆輸入額割合の推移

出所：経済産業省「海外事業活動基本調査」、財務省「貿易統計」より筆者作成

外売上比率38.9％」「海外収益比率35.2％（自動車企業は48.4％）」といずれも過去最高を更新しています。その結果、図3-17に示したように、14年度に日系現地企業から日本国内への「逆輸入額」は27.4兆円、輸入総額の31.9％、貿易赤字全体の2倍以上に達します。

（2）多国籍企業化、グローバル化と安全保障政策の大転換

　日本の大企業体制の「輸出依存型」から「多国籍企業型」への変貌は、貿易収支の赤字化と共に、所得収支（対外金融債権、債務の利子・配当収支）黒字の増大にも現れています。図3-18は、日本の所得収支黒字が米国住宅関連バブル期を超える水準で増加していること、特に海外現地企業の収益を配当として国内に還流する「直接投資収益」が増加傾向にあることを示しています。安倍政権も大企業体制の国際展開を成長戦略の要と位置付けます。表3-2は、政府の「インフラシステム輸出戦略」が20年には現在の3倍・30兆円への膨張を計画していることを示します。原発輸出をはじめ、エネルギー、交通、情報通信等産業・社会基盤整備に必要な商品、サービスの供給、管理、運営、維持、

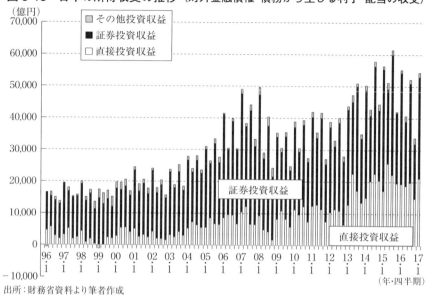

図3-18 日本の所得収支の推移（対外金融債権・債務から生じる利子・配当の収支）
出所：財務省資料より筆者作成

改修等を海外現地でパッケージとして受注するビジネス・モデルが国策として追求されています。

「国内市場・内需依存型」でなく「国内に生産基盤を置いた輸出依存型」でもない、日本の大企業体制の「多国籍企業化・海外直接投資型」の資本蓄積は、その上部構造である政治・安全保障政策を「平和憲法と共存する専守防衛型」から「海外市場・権益、現地企業を守り拡大する海外派兵型」へ大転換させます。この大転換は、現実には、日本が米国の世界戦略に従属し、TPPのような米日多国籍企業の求める自由市場秩序を全世界に拡大する米国の戦争に自衛隊が参戦する形態で推進されています。「構造改革政治」・アベノミクス成長戦略の実行で貧困・格差の矛盾が高まることが、その反動的打開策として、海外市場を日本の権益として取り込む、軍事同盟を強化して米日多国籍企業に有利な自由貿易・自由投資原則を世界に強制する自由市場拡大のための戦争国家化を推進しています。

表3-2 インフラシステム輸出目標30兆円と現状 (2013.5.17付)

2020年　30兆円	分野	現状　2010年	合計　10兆円
エネルギー　9兆円	電力	2.2兆円	3.8兆円
	原子力	0.3兆円	
	石油・ガス	0.5兆円	
	スマート・コミュ	0.8兆円	
交通　7兆円	鉄道	0.1兆円	0.5兆円
	道路	0.2兆円	
	港湾、航空	0.2兆円	
情報通信　6兆円	情報通信	4兆円	4兆円
基盤整備　2兆円	工業団地、建設業	1兆円	1兆円
生活環境　1兆円	水	0.2兆円	0.3兆円
	リサイクル	0.1兆円	
新分野　5兆円	医療	0.5兆円	0.74兆円
	農業・食品	0.1兆円	
	宇宙	0.02兆円	
	海洋インフラ・船舶	0.1兆円	
	郵便	0.02兆円	

出所：首相官邸「インフラシステム輸出戦略」より筆者作成

5、『資本論』に立ち返る。世界市場開拓の法則。恐慌と世界市場論

　これまでみたような「国内における労働者の貧困、社会保障の削減、賃金・所得の低下が消費需要の低迷、不況の原因となり海外市場の開拓を推進する」運動を分析・理解する上で、マルクス『資本論』の『草稿』は重要なヒントを提供してくれます。

（1）マルクス「恐慌の根拠」論と世界市場開拓

　第一にマルクスは、『57-58年草稿』（『経済学批判要綱』）において、資本家が賃金のもつ二つの矛盾した役割、「制限すべき費用」と「拡大すべき需要」の二面性から、矛盾した「幻想」をいだき、「恐慌の根拠」をつくりだすと論じています。

　①どの資本家も「自分の労働者」について、彼らが自分にとっての消費者ではなく「その賃金をできるだけ制限したい」費用と考えます。

②また、どの資本家も「他の資本家の労働者」について、彼らが「自分の商品のできるだけ大きな消費者」・需要であることを望みます。

③しかし、「自分の労働者」について賃金を削減しながら「自分の労働者を除くそのほかの全労働者階級」が消費者として「自分に相対し」自分の商品を購入してくれると期待することは「幻想」であるとしています(『資本論草稿集2』大月書店、34-35頁)。

ここでマルクスは、「自企業の内なる労働者・賃金はコスト」として削減することが、「外の労働者・賃金は需要」という期待を「幻想」に変え、需要不足、過剰生産による「恐慌の根拠」となる論理を示しています。そしてこの論理は、今日の財界が「自国市場の賃金はコスト」として削減しながら「海外・世界市場の需要に期待」する「幻想」を抱いて、安全保障政策の転換を図りながら海外進出にのめり込む状況と共通するものです。

(2)マルクス「恐慌の運動」論と世界市場開拓

その上で、「自国市場の賃金はコスト」として削減しながら「海外・世界市場の需要に期待」する「幻想」が「金融危機」や「恐慌」にまで拡大していく、市場の調整が失敗するメカニズムとは何でしょうか。第二にマルクスは、『資本論』第二部第一草稿において、国内市場の停滞を解決し「金融危機」「恐慌」に至るまで「架空の需要」を膨張させる「信用制度」と「世界市場」の役割について「流通過程の短縮」という視角から論じています。これは「恐慌に至る運動」「恐慌の運動」論です。

①本来、「産業資本家」は「最終消費者」の「現実の需要」による購買・消費($G'-W'$)による現金支払いを得るまでは、商品W'を現金化($W'-G'$)できず、次の機械、原材料、労働力の購入($G'-W$)を行うことができません(図3-19①)。

②しかし、信用制度の発達によりこの取引に「商人」と「銀行」が介入すると、「産業資本家」が商品W'を「最終消費者」に売る前に、「商人」に商業手形と引き換えに販売し(W'-商業手形)、「産業資本家」が手に入れた商業手形を「銀行」が利子を目的に買い入れ貨幣を支払うことで($G'-$商業手形)、「産業資本家」は次の機械、原材料、労働力の購入に移ることができます(商業手形$-G'-W$)(図3-19②)。

③つまり、「産業資本家」が「最終消費者」に実際に販売すること（W′−G′）に比べ、「商人」の商業手形発行による「売れるだろうという思惑・見込み」による購買（商業手形−W′）と「銀行」の「利子が得られるだろうという思惑・

図3-19　マルクス『資本論』におけるバブルの論理

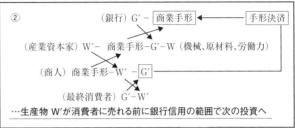

見込み」による手形割引（G′−商業手形）により、「商品……が貨幣に転化される時間が先取り」「流通過程が短縮」「再生産過程が加速」されます（図3-19②）。

④ここでは「商人」の商業手形発行による購買（商業手形−W′）と「銀行」の手形割引（G′−商業手形）が手形取引の利益を目的に繰り返され、「産業資本家」の商品W′への需要は、現実の「最終消費者」の需要・購買（G′−W′）から乖離した「架空の需要」に沿って膨張し「そこから、恐慌が準備される」ことになります（図3-19②）（『資本の流通過程』大月書店、35、49頁）。

⑤「銀行」が買い取った商業手形が、商人によって手形決済される限り、すなわち商人が手形決済するための貨幣G′を「最終消費者」の「現実の需要」に基づいて販売し手に入れる限り（W′−G′）、「架空の需要」は「現実の需要」に引き戻され、再生産過程は正常に進行します。しかし、手形取引による自己目的的な利子・利得追求は「架空の需要」を恐慌という暴力的な調整を必要とする規模にまで拡大します。そして、この恐慌の「引き金」は、銀行の買いとった商業手形が手形決済されないこと、商人から銀行への現金支払い（G′−手形決済−商業手形）の滞納、不渡り、「商人」の破産、「銀行」の経営危機です。

⑥結論として、マルクスは、資本主義的生産様式が巨大な生産力を受けとめるための「その過程の規模が必要とする、流通過程を短縮する形態を信用のな

かでつくりだす」とし、「架空の需要」が信用・金融バブルにより創造されることを指摘します。そして「世界市場は、具体的などんな場合にも、この形態の作用を見えなくすることを助け、合わせてこの形態に、その拡張に向けて特別な活動の場を提供する」と論じます（同前49頁）。ここで「世界市場」は、「流通過程の短縮」により「架空の需要」が「現実の需要」から乖離する当の流通過程を遠い海外市場に移すことで「見えなくする」役割と、「短縮・加速」される流通過程を国内規模から世界規模に「拡張」する役割を演じ、より大規模な恐慌を準備します[4]。

このように資本が「世界市場」における「架空の需要」に沿って再生産過程を拡大し金融バブルの崩壊とともに恐慌に至る経済循環は、2000年代米国の住宅関連バブルにおいても今日のさらなるグローバル化の追求においても共通に観察される運動です。そしてグローバル大企業、大銀行は、「架空の需要に沿った再生産過程の拡大」＝成長のために「信用制度」と「世界市場」を「拡張」するべく、貿易と投資の自由化を追求し続けています。

本章は、非正規雇用増大、正社員リストラ、社会保障削減が「貧困のループ」を形成すること、この貧困をテコに資本蓄積がさらに進むこと、結果として生まれる資本の高蓄積と国民経済の停滞との矛盾が世界市場開拓への「幻想」を駆り立てることを統計的、理論的に分析してきました。2015年夏に史上空前の規模で高揚した「海外で戦争する国反対」の運動は、安保闘争いらいの連日国会を包囲する運動にまで盛り上がり、学者の会や学生、市民らの国民的運動は、戦争法廃止の運動、さらにはそのための国民連合政府をつくろうという運動に発展しつつあります。この運動が「戦争の根」である貧困・格差を許さない「労働規制緩和反対」「社会保障削減反対」の運動と結びつき、「原発再稼働反対」「TPP反対」「沖縄新基地建設反対」の運動と合流して、ひとつの「対抗する社会構想」となった時、「構造改革政治」・アベノミクスは終焉を迎えることになるでしょう。

注
（1）2011年、英国の社会保障支出総額は対GDP比21.8％で日本より「低位」ですが、英国の高齢化率（65歳以上人口割合）は日本を7％下回ること、英国の医療制度は基

本的に社会保険料や窓口自己負担もない等、内容において日本より「低位」とは言えません。

（2）政府は、18年度「国保都道府県化」に合わせ、新たな財政支援として1700億円の公費を配分します。この1700億円の配分は「医療費削減」「後発医薬品利用率」などに応じて配分されます。「国保広域化」の本質が自治体独自の繰入金廃止と合わせ、都道府県単位、地域単位の医療費削減競争であることを示します（『日本経済新聞』17年7月4日付）。

（3）財務省「貿易統計」によると、2012年12月から17年5月までの54ヵ月間において、「輸出金額指数」が前年同月比でプラス値であったのは35ヵ月ですが、「輸出数量指数」がプラス値であったのは24ヵ月となっています。

（4）不破哲三氏は、ここでの「世界市場」の役割について、第一に「流通過程の短縮・架空の需要」を「見えなくすることを助ける」こと、第二に「流通過程の短縮・架空の需要」を「拡張」することに分析し整理しています。

「第一の論点では、再生産過程が現実の需要から独立した軌道を突き進んでいながら、その独立性が当事者たちの目からかくされ、外観上はすべてが順調に流れているように見えるという、この運動形態（『流通過程の短縮』）の作用が問題にされている、と思います。」

「第二の論点は、世界市場が、『流通過程の短縮』という形態の活動の場を、一国的な範囲から国際的な規模に拡張することを、指摘したものでしょう。」

「このどちらの契機も、『流通過程の短縮』の運動形態にいちだんと大きな力と活動範囲をあたえるものですから、それは来るべき破局をいっそう深刻なものとする方向に働きます」。（不破哲三『マルクスと「資本論」②再生産論と恐慌（中）』新日本出版社、2003年、108頁）

第4章　アベノミクス・バブルの形成と崩壊
——『資本論』「資本の過多と過剰生産の相互促進」論

　第二次安倍政権が発足して最初の2年間、つまり2013年から14年にかけて、政権の経済政策いわゆる「アベノミクス」「三本の矢」が何を目指し、何を達成し、何に失敗したかを解明することは、今日改めて根源的な政権批判と対案を明らかにする上で重要であろう。

　この「政権発足2年のアベノミクス」「オリジナルの三本の矢」を批判的に解明するうえで、本章は第一に「異次元の金融緩和策（第一の矢）」「大型公共事業拡大（第二の矢）」「成長戦略（第三の矢）」を個別に切り離して考察するのでなく、それらの相互促進、合成の結果の解明を重視する。

　具体的には「第一の矢」による過剰な貨幣資本供給と「第二の矢」による大型公共事業拡大、さらに「第三の矢」による大企業減税や規制緩和策が相互作用し、株式や投資信託証券化商品の資産価格高騰をもたらしたこと、この資産価格高騰が停滞する個人消費等「現実の需要」の制限を乗り越える「架空の需要」を形成するもの、即ち金融バブルとして期待され、膨張を促進されたことを解明する。

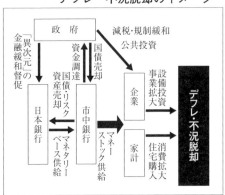

図 4-1　政府・日銀の描いたデフレ・不況脱却のイメージ

出所：「朝日新聞」2013年1月7日付より筆者作成

　本章は第二に、この「第一の矢」と「第二、第三の矢」との相互作用による資産価格高騰、「架空の需要」形成という金融バブルの理論的本質、その形成と崩壊の仕組みを『資本論』第三部第四、五篇における「バブルの論理」「資本の過多と過剰生産の相互促進」論に立ち返り解明する。

　そして第三に、資産価格高騰と「成長戦略」の結合は、「資本の蓄

第4章　アベノミクス・バブルの形成と崩壊

積に照応する貧困の蓄積」法則の今日的発展形態であることを指摘する。

1、アベノミクスの不況脱却策と現実

（1）デフレ・不況脱却のイメージとその手段

　図4-1は「政府・日銀の描いたデフレ・不況脱却のイメージ」を示している。日銀は政府の「異次元の金融緩和策（第一の矢）」に従い、市中銀行が保有する国債やリスク資産を買い入れ、市中銀行の持つ日銀当座勘定に資金を供給する（マネタリーベース供給）。市中銀行は、金利がほぼゼロの「日銀当座勘定」から金利収入が得られる民間企業の設備投資や家計の住宅投資に貨幣（マネーストック供給）を貸し付け、シフトさせる（ポートフォリオ・リバランス効果）。さらに金融緩和による金利低下は、外国為替市場における「円売り」を誘発し、円安の為替差益で輸出を促進する。政府は、「大型公共投資拡大（第二の矢）」で、企業や家計に需要を注入し、さらに、「大企業減税」「規制緩和」からなる「成長戦略（第三の矢）」で、企業の投資・収益機会の拡大を図り、デフレ不況脱却を実現するとしてきた。

　よって、この「イメージ」を実現するために、2013年4月、表4-1で示したような「異次元の金融緩和策」が発表された。ここでのポイントは、①

表4-1　「異次元の金融緩和策」概要

		これまで(12年末)	量的質的緩和(14年末)	13年末実績
2％物価上昇率目標達成時期		できるだけ早期	「2年程度」と明示	
誘導目標		無担保コール翌日物金利	マネタリー・ベース2年で2倍	
マネタリー・ベース		138兆円	270兆円	202兆円
国債買い入れ	対象	残存期間1～3年	40年債まで広げ平均残存期間7年	
	量	13年は20兆円増加	年間50兆円増加	年間53兆円増加
	保有額	89兆円	190兆円	142兆円
リスク資産買い入れ	ETF 量	13年は5,000億円増加	年間1兆円増加	年間1兆円増加
	ETF 保有額	保有額1.5兆円	保有額3.5兆円	2.5兆円
	J-REIT 量	13年100億円増加	年間300億円増加	年間300億円増加
	J-REIT 保有額	保有額1,100億円	保有額1,700億円	1,400億円

出所：日銀「量的・質的金融緩和（マネタリーベースの目標とバランスシートの見通し）」より筆者作成

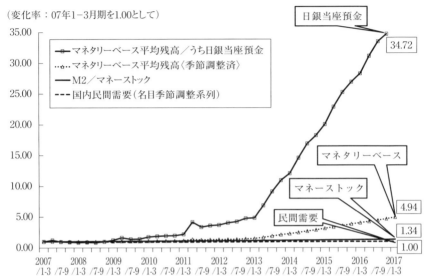

図4-2 マネタリーベース、マネーストック、国内民間需要の推移

出所：日銀資料および内閣府「国民経済計算」より著者作成

「２％の物価上昇率目標（インフレ・ターゲット）達成時期を２年以内と明記したこと」、②「そのためのマネタリーベース供給を２年で270兆円に、国債の買い入れ・保有額も190兆円に倍増させたこと」、③「ETF（Exchange Traded Fund〔上場投資信託〕）、J-REIT（Real Estate Investment Trust〔不動産投資信託〕）といった投資信託証券化商品、リスク資産の買い入れを強化したこと」である。

(２)「デフレ・不況脱却」の現実

　このような「デフレ・不況脱却のイメージ」はどの程度、実現したか。図４-２は「マネタリーベース、マネーストック、国内民間需要の推移」を示している。第二次安倍政権発足直後の2013年１～３月期からマネタリーベースの供給残高は急増し、2007年第１四半期と比べ2014年第４四半期に2.89倍（2017年第１四半期に4.94倍）に増加している。しかし、マネーストックの増加は1.23倍（2017年第１四半期に1.34倍）にとどまり、日銀当座預金だけが18.27倍（2017年第１四半期に34.72倍）にも膨張している。そして国内民間需要は0.98倍にとどま

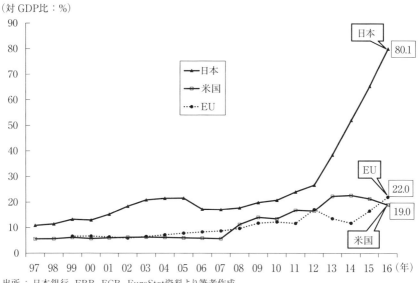

図 4-3　日米欧マネタリーベース供給量の推移（対 GDP 比）

出所：日本銀行、FRB、ECB、EuroStat資料より筆者作成

る（2017年第１四半期に1.00倍）。この結果は、日銀の資金供給増加が民間需要増大には寄与できないことを示している。足りないのは「資金供給」ではなく実体経済における「需要、所得」なのである。日銀は1990年代末の金融危機以降、ゼロ金利政策に移行し2001年以降「量的緩和政策」を基本的に継続してきた。**図４-３**は97年から2016年までの「日米欧マネタリーベース供給量の推移」を示している。第二次安倍政権「異次元の量的金融緩和政策」開始以前から、日銀は FRB や ECB に比べ対 GDP 比で２倍程度のマネタリーベースを供給し続けてきた。それにもかかわらず日本は、労働者雇用と所得の劣化により家計消費需要、企業設備投資需要とも低迷し、いわゆる「デフレ不況」を脱することができなかった。第二次安倍政権は、この失敗をさらに大規模に、2014年には対 GDP 比60％で FRB や ECB の３倍（2016年には80％で４倍）繰り返している。この結果は、必然的に訪れる「異次元の量的金融緩和政策」からの「出口」における副作用やリスクも３倍、４倍大きいことを示している。また**図４-４**は「民間銀行の預貸ギャップ、預貸率、中小企業貸出比率の推移」を示している。「量的緩和政策」さらに「異次元の金融緩和政策」の下にあって、日

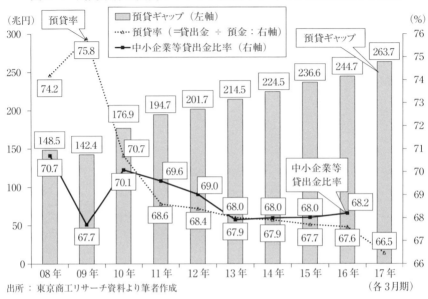

図4-4 民間銀行の預貸ギャップ、預貸率、中小企業貸出比率の推移

出所：東京商工リサーチ資料より筆者作成

本の114の主要銀行は、2009年以降、「預金残高に占める貸出金の割合」である「預貸率（2009年3月期75.8％→15年3月期67.7％→17年3月期66.5％）」、「貸出金に占める中小企業貸出の占める割合」である「中小企業等貸出金比率」（2010年3月期70.1％→15年3月期68.0％）を低下させ、預金残高から貸出金を差し引いた「預貸ギャップ」を09年3月期142兆円から15年3月期236兆円（17年3月期263兆円）まで膨張させている。資金供給は余りきっているのである。

それにもかかわらず、「異次元の金融緩和政策」は「成長と分配の好循環」には程遠い結果にある。図4-5は「消費者物価指数と給与、実質賃金指数の推移」を示している。この図が示す事実は、①13年の消費者物価上昇と「所定内給与（基本給）」「きまって支給する給与（基本給＋残業代）」の減少が実質賃金低下を招いたこと、②14年の消費税増税がわずかな給与増加の効果を打ち消し大きな実質賃金低下をもたらしたこと、③15年、17年の給与増加の効果は消費者物価上昇により打ち消され実質賃金マイナスとなっていること、④16年の実質賃金上昇は消費者物価の低下、デフレ効果によること、以上である。

また図4-6は、「実質金利（＝新発10年国債の年利回り―消費者物価指数・前

図 4-5 消費者物価指数と給与、実質賃金指数の推移

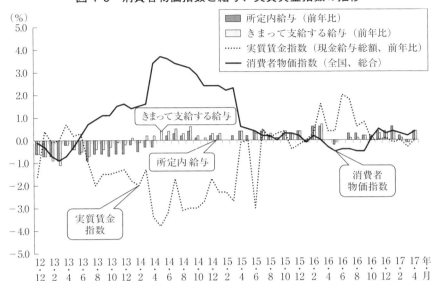

出所：厚生労働省「毎月勤労統計調査」、総務省「消費者物価指数、全国総合」（前年同月比）より筆者作成

図 4-6 実質金利（10 年国債利回り－消費者物価指数）と機械受注額の推移

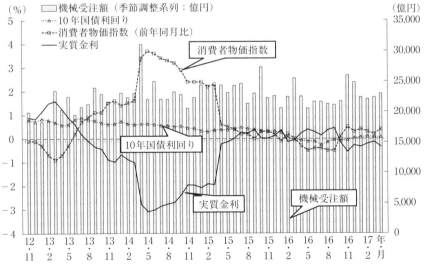

出所：財務省「国債金利情報」、総務省「消費者物価指数、全国総合」、内閣府「機械受注統計・受注総額」より筆者作成

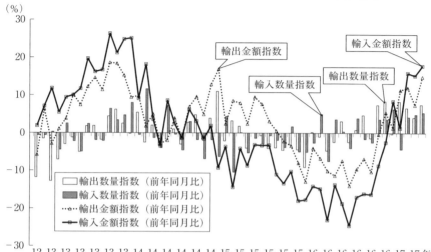

図4-7 アベノミクス下での日本の輸出入金額と数量指数推移

出所：財務省「貿易統計」より筆者作成

年同月比）と機械受注額の推移」を示している。消費者物価上昇に伴い実質金利が急激に下落する13年3月以降も、設備投資を表す機械受注額は横ばい傾向にあり、14年末、さらには17年初まで実質金利の趨勢的低下の下でも機械受注額の現状維持傾向は変わらない。**図4-7**は、「円安局面における輸出入金額と輸出入数量の推移」を示している。「1ドル＝80円」から「1ドル＝100円」に、さらには「1ドル＝120円」に向かって円安が進んだ12年12月以降、15年にかけて、輸出金額は前年同月比で増加傾向にあった。

しかし、輸出数量はプラス傾向で推移したとは言い難い。また、円安にもかかわらず14年末まで、輸入数量は減少せず輸入金額が輸出金額以上に増大した。日本経済は、製造業の海外生産シフトが進み、円安でも輸出が増えず、輸入金額が急増する体質に変わりつつある[1]。15年から16年にかけて、輸出は金額、数量とも失速し、輸入も消費税増税による国内不況を背景に、低迷している。

第4章　アベノミクス・バブルの形成と崩壊

2、アベノミクス「3本の矢」と金融バブルの形成

　これまで概観したように、「異次元の金融緩和で物価を上昇させ賃金・所得を増やす」「円安で輸出を促進し設備投資を促す」というアベノミクスの描く外需依存・投資主導型成長パターンは明らかに失敗している。それにもかかわらず、再び「構造改革」を唱え「第三の矢：大企業減税、労働規制緩和、社会保障の市場化、TPP 参加の『成長戦略』」に固執したり、過去に失敗した「第二の矢：大型公共事業拡大による財政政策」を進めた目的は何だったのか。それは「アベノミクス・バブル」の形成である。具体的には、デフレ不況下で「公共事業拡大」や「構造改革」を孤立的に実行するのでなく、「第一の矢」による投機的資金供給と「第二、第三の矢」による新たな投機機会拡大・資産価格高騰期待とを組み合わせ相互促進させることで「現実の需要」と乖離した「架空の需要」をつくりだす金融バブルの形成である[2]。要するに、株式等資産価格の高騰だけが、アベノミクスへの幻想を支える「最後の砦」となっているのである。

（1）ETF 市場の異常な膨張。

　図4-8は、日経平均株価の高騰と ETF 売買代金の膨張を示している。ETF とは株式等で運用する投資信託を証券化した商品である。具体的には図4-9にあるように、「ETF 指定参加者（証券会社）」が投資家に ETF 受益証券を販売し資金を調達する。「ETF 指定参加者（証券会社）」はこの調達資金で特定の株式銘柄で構成される「株式バスケット」（複数の証券銘柄をひとまとめで売買する取引）を購入・運用し、ETF 受益証券を購入・保有する投資家に配当金を分配する。例えば投資家が東証株価指数（TOPIX）を構成する株式バスケットを運用する ETF 受益証券を購入すると、この TOPIX 連動 ETF は東証株価指数全体の値動きと連動し東証一部上場銘柄全体に投資することと同じ収益効果をもたらす。つまり ETF が買われると、その資金で運用される株式バスケットを構成する株式全体も買われることになる。13年4月の「異次元の金融緩和策」により株式市場に余剰資金が流入し、また日銀自身の ETF 買い入れ強化策により、株価や ETF 売買代金は急激に上昇している。14年12月の

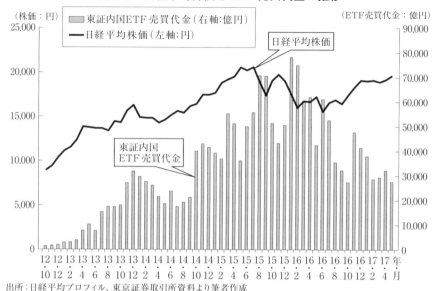

図4-8 日経平均株価とETF売買代金の推移

出所:日経平均プロフィル、東京証券取引所資料より筆者作成

ETF売買代金は12年12月比21倍に達した(その後、16年1月に約40倍にまで膨張し17年6月に14倍まで収縮した)。

(2) 過剰な貨幣資本供給と大企業減税、公共事業拡大策

2013年4月以降における株式・ETF市場の高騰は、「第一の矢」・「異次元の金融緩和」による投機資金の流入と同時に、「第三の矢」「大企業減税」も作用している。すでに法人税率は2012年から5％引き下げの約35％に引き下げられており、さらに復興法人特別税(3年間限定約3％の税率上乗せ措置)も1年前倒しで終了した。また2014年6月24日に閣議決定された「平成26年度骨太の方針」は、法人実効税率の20％台への引き下げを提案している(その後、法人実効税率は、14年34.6％、15年32.1％、16年31.3％と連続的に引き下げられている)。巨大な内部留保を抱える大企業に追加で減税することは、賃金の引き上げや設備投資の拡大よりも、さらなる内部留保の拡大、株主配当の引き上げを通じ株価の上昇にプラスに作用するであろう。そして大企業減税の財源は「第一の矢」・「異次元の金融緩和」による日銀の国債購入により支えられている。

また、不動産・J-REIT市場の高騰も、「第一の矢」・「異次元の金融緩和」による投機資金の流入と同時に、「第二の矢」・「公共事業拡大」が作用している。13年度予算の公共事業費は5.3兆円（15.6％増）、さらに12

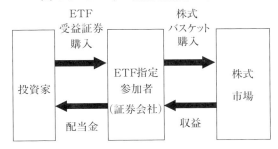

図4-9　ETF（上場投資信託）の仕組み

出所：投資信託協会資料より筆者作成

年度補正予算「事前防災・減災等関連費」、13年度東日本大震災復興特別会計「災害復興経費」と合わせ11.2兆円が計上された。また14年度当初予算の公共事業費は6兆円（12.9％増）である。「第二の矢」により大型公共事業の拡大が進めば、不動産取り引きの拡大が地価を押し上げ、J-REIT売買をさらに拡大する。そしてその財源は「第一の矢」・「異次元の金融緩和」による日銀の国債購入により支えられている[3]。

（3）「成長戦略」と株価の上昇

　2014年6月14日に閣議決定された「成長戦略」は「総論」と「三つのアクションプラン（①日本産業再興プラン②戦略市場創造プラン③国際展開戦略）」からなる。そのうち「①日本産業再興プラン」は重要項目として「雇用制度改革・人材力の強化」を挙げている。これは具体的内容として、「限定正社員（ジョブ型正社員）制導入」「裁量労働制の規制緩和」「労働者派遣制度の規制緩和」等からなる。これらは、職務や勤務地を限定することで職務、事業所の改廃に伴い解雇を自由化することや、事務系・営業系労働者への労働時間規制をなくすこと、有期雇用の「常用代替禁止原則」をなくし派遣・有期雇用期間を永続化することを意味している。図4-10、11は、1997年（派遣法規制緩和）以降、年収149万円、199万円以下で働く20代男女の割合が増加し、12年には男性の19.4％、女性の32.2％が年収149万円以下、男性の28.1％、女性の46.9％が年収199万円以下で働いていることを示す。これら若者の「働く貧困化」は非正規雇用化（男性非正規比率97年7.1％→12年28.8％、女性非正規比率97年20.5％→12年43.0％）の結果である。このような状況下での「限定正社員制度の普及」「常用

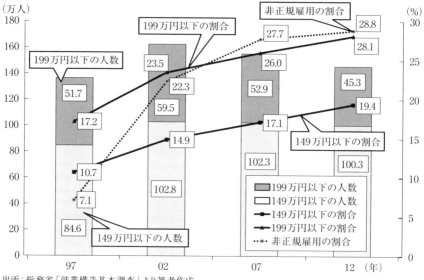

図4-10 年収149万円、199万円以下の人数、割合（20代男性）

出所：総務省「就業構造基本調査」より筆者作成

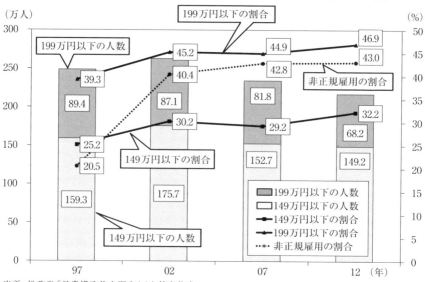

図4-11 年収149万円、199万円以下の人数、割合（20代女性）

出所：総務省「就業構造基本調査」より筆者作成

代替禁止原則撤廃」「労働者派遣の期間規制撤廃」は若者世代にさらなる不安定就労、所得低下を広げることになるだろう。さらに2014年6月24日に閣議決定された「日本再興戦略改訂」は、総合職正社員の「中核・専門的人材」「幹部候補」を対象に「新ホワイトカラー・エグゼンプション（労働時間規制撤廃・残業代ゼロ）」を導入することを提案している。

「②戦略市場創造プラン」「③国際展開戦略」は、「混合診療解禁」「TPP推進」「一般医薬品のインターネット販売自由化」の必要性を強調している。「混合診療解禁」は政府の立場からは公的医療保険の支給対象を限定化する社会保障削減策を意味するが、製薬大企業の立場からは薬価の公的コントロール弱体化、独占的な価格・利潤追求強化を意味している。2014年「日本再興戦略改訂」は、患者側が申請すれば「混合診療」を認める「選択療養」制を提案している。製薬大企業のこの要求は、「TPP推進」において「知的財産権保護」要求、具体的にはジェネリック・後発医薬品の製造・販売制限、薬価の公的決定過程への製薬大企業の参加要求となり現れている。「平成26年度骨太の方針」も、ひきつづき「TPP交渉早期妥結」を主張している。この公的医療保険、公定薬価制度解体要求は、薬への公的保険はずし促進策として「一般医薬品のインターネット販売自由化」も必要としている。

この「混合診療解禁」は2016年度より「患者申出療養制度」として実現、制度運用が始まっている。これまでの日本の医療はほぼ100%公的保険に基づく医療であった。この国民皆保険医療は、「すべての国民が必要十分な医療を受給する人権」を最優先し、非営利原則に徹してきた。しかし安倍政権は、この国民皆保険医療、非営利原則を「大企業による医療分野への投資を妨げるもの」、参入障壁と捉え、「患者申出療養制度」による「改革」を開始したのである。図4-12は、「混合診療解禁のねらい」を示している。①は「通常の公的保険診療」で「保険給付7割、自己負担3割」である。これが②で「公的保険外診療（自由診療）」を組み合わせると、「混合診療禁止」原則により全て「公的保険適用外・自己負担」になる。この制度の真意は「必要な診療が公的保険診療になるよう国に促す」ことにあった。ところが③で「混合診療」が認可されると、医療は「公的保険診療」と「公的保険外の自由診療」に二分される。そうなると政府は④のように、「財政制約により公的保険診療は拡大できない」と主張し、公的保険給付の範囲は縮小、かわりに「お金次第」、自己責任で

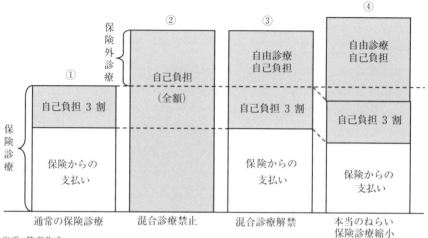

図 4-12 混合診療解禁。その本当のねらい

出所：筆者作成

表4-2 患者申出療養＝混合診療の問題点

①安全性、有効性証明の形骸化	現行「評価療養（先進医療B）」は申請・承認に半年 →患者申出療養は6週間
②新医療技術、医薬品の「保険収載外」化	新技術・薬に限らず「費用対効果検証」で収載外に
③患者の経済力による医療格差発生	保険外診療増大＝お金次第の医療
④患者申出療養における医療事故は国補償外	混合診療の事故は責任の所在が不明確→自己責任

出所：全国保険医団体連合会資料より筆者作成

「買う」、商品としての医療が拡大する。医療分野の非営利原則は縮小し、製薬大企業や大手保険企業の「市場」が「創造」されるのである。

　表4-2は「混合診療＝患者申出療養」の問題点をまとめている。これまで例外的に認められてきた「評価療養」が申請、承認に半年かけて安全性を確認したのに対し、「患者申出療養」は4分の1の6週間で申請、承認されること、新技術、新薬に限らず「費用対効果検証」で保険収載外化できること、患者の自己負担、民間医療保険で賄う医療の増加が「医療格差」「お金次第の医療」となることなどが懸念される。

　以上のような大企業減税、労働規制緩和、社会保障の市場化、TPP推進といった安倍内閣の「成長戦略」は、大企業の収益機会拡大の期待の下、関連する株価の上昇を促進している。**図4-13**はアベノミクスの下における「建設、

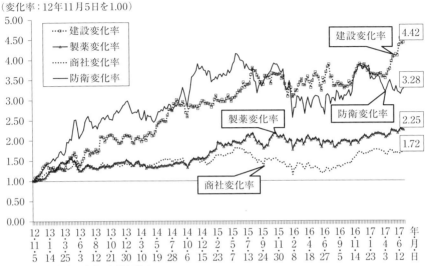

図4-13 建設、製薬、商社、防衛主要5社の東証株価推移
(2012年11月第1月曜日を1とした週単位の変化率)

出所：東京証券市場資料より筆者作成

製薬、商社、防衛」株価の推移を示している。これは2012年11月第一月曜日の株価を基準値（1.00）として代表的な建設大企業5社（大成建設、鹿島、清水建設、大林組、鉄建）、製薬大企業5社（武田薬品工業、第一三共、田辺三菱製薬、塩野義製薬、大日本住友製薬）、総合商社5社（三井物産、三菱商事、住友商事、豊田通商、伊藤忠商事）、防衛産業5社（三菱重工業、川崎重工業、三菱電機、IHI、富士重工業）の平均株価の変化を週単位で表している。「第一の矢」「異次元の金融緩和」における投機資金の流入と「第二の矢」「大型公共事業」、「第三の矢」「成長戦略」、さらには集団的自衛権容認、武器輸出解禁、軍備拡大政策の展開の下、「建設」株は4.4倍に、「防衛」株は3.3倍に、「製薬」株は2.2倍に、「商社」株も1.7倍に高騰している。

（4）「貯蓄から投資」への誘導

これまで見たように、「第一の矢」と「第二、第三の矢」との相互依存、相互促進による資産価格高騰・金融バブルの形成が政府と中央銀行の主導で進められている。輸出依存・投資主導型成長に行き詰まり、賃金上昇と社会保障充

実に基づく内需主導型成長論に敵対するアベノミクスは、不動産、証券価格等の「資産価格上昇に依存した個人消費拡大」という「現実の需要」から外れた「架空の需要」への期待に依存を深めている。政府は2013年11月「金融・資本市場活性化有識者会合」を立ち上げ、金融分野での「成長戦略」として以下のような金融規制緩和策を準備・検討している。

　この「改革」は、株等リスク資産の割合が小さい日本の家計金融資産を「貯蓄から投資へ」誘導し、資産価格上昇による「架空の需要」形成という金融バブル依存を進めるものである。①「少額投資非課税制度（日本版ISA）」。2014年1月から株式投資や投資信託において毎年100万円（5年間で最大500万円）までの非課税投資枠を設定する制度。証券優遇税制（税率20％を半減）廃止に代わる新たな株主優遇策である。また現在、このNISA非課税投資枠を毎年200万円に拡大する案が検討されている。②確定拠出年金（日本版401k）で企業・個人が毎月出す掛け金限度額の引き上げ（「日本経済新聞」13年10月27日付）。政府は運用の個人成績により受け取る企業年金額が変動する確定拠出年金の毎月の掛け金限度額を2～3割引き上げる案を検討中であり、企業従業員の老後をよりいっそう株価・証券市場、リスク資産市場依存へ誘導しようとしている。③非課税の私的年金・個人退職勘定（日本版IRA）創設（「日本経済新聞」13年11月9日付）。個人が年間120万円程度の積み立て、運用で得た利益を非課税にする制度で、株式や投資信託の購入を促す制度である。④130兆円超の公的年金資産の運用改革（年金積立金管理運用独立行政法人GPIFの資産構成割合見直し）。「平成26年度骨太の方針」は、公的年金資産運用を国債から株式、不動産、投資信託等に振り向け、株価・資産価格高騰、売却した国債の日銀買い取りによる一層の量的金融緩和を図っている。

　このようなアベノミクス・バブルの形成により、日本の家計金融資産の構成は少なからぬ影響を受けている。**図4-14**は、2012年第1四半期から2013年第4四半期にかけて家計の「現金・預金」残高が4％上昇したのに対し、「有価証券」残高が41％、うち「株式」残高が59％増大したことを示している（その後、2017年第1四半期に「現金・預金」残高10％、「有価証券」残高51％、うち「株式」残高66％増大）。同時に12年から13年にかけて「金融資産ゼロ」世帯の割合は全体の26％から31％へと1963年調査開始以降、過去最高となり、著しい富の偏在が進行している（金融広報中央委員会「家計の金融行動に関する世論調査」。

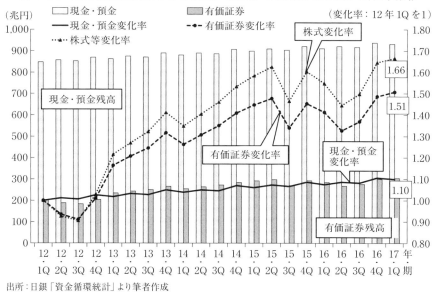

図 4-14　家計金融資産における現金・預金、有価証券の残高、変化率推移

出所：日銀「資金循環統計」より筆者作成

その後、14年30.4％、15年30.9％、16年30.9％）。

3、バブルとは何か――マルクス「資本の過多と過剰生産の相互促進」論に立ち返る

「アベノミクス・三本の矢」と呼ばれる諸政策が、日本経済の成長の上で、特に賃金・所得の引き上げに効果がないことは先の統計分析からも明らかである。しかし、なぜ「三本の矢」を同時に実行するのかという本質を解明するには理論的分析が必要となる。そして近代的信用制度の発達による過剰な貨幣資本（資本の過多）が「現実の需要」から乖離した「架空の需要」に基づく産業資本の再生産過程の拡大（過剰生産）を生み、この再生産過程の拡大が一層の「資本の過多」を生みだす相互促進、「架空の需要」に基づく過剰生産という「バブルの論理」を解明したのは、マルクスであり、とくに、『資本論』第三部第四篇「商品資本および貨幣資本の商品取引資本および貨幣取引資本への（商人資本への）転化」および第五篇「利子と企業者利得とへの利潤の分裂。利子

生み資本」である。

（1）商業信用と「流通過程の短縮」、「架空の需要」

マルクスは、産業資本家・リンネル製造業者が「自分の三万エレを」最終消費者でなく「商人に三〇〇〇ポンド・スターリングで売ってしまえば」、「リンネルはまだ終極的に貨幣に再転化していない」「まだ使用価値として消費に……はいり込んではいない」にも関わらず、「変態の過程が短縮され」、産業資本の生産過程は続行されるとしている（⑨467頁）。

本来、産業資本家は最終消費者の「現実の需要」による購買・消費による現金支払いを得た後、次の生産手段と労働力の購入を行う（図4-15①）。しかしここでは、商人が産業資本家に商業手形を振り出し商品を買い取ってしまえば（「架空の需要」の発生）、産業資本家は商業手形の決済・現金化をあてにして、最終消費者の「現実の需要」による購買・消費を待たず、生産手段と労働力の購入（「流通過程の短縮」）を行うのである（図4-15②）。

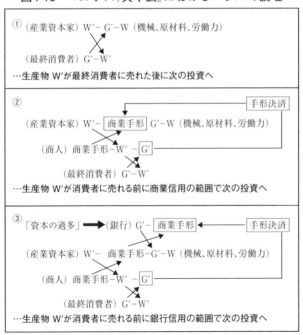

図4-15　マルクス『資本論』におけるバブルの論理

マルクスは、この「流通過程の短縮」、最終消費者の「現実の需要」から独立した商業信用による「架空の需要」の発生は「信用制度の土台」（⑪827頁）であるとしている。

しかしこの商業信用を「銀行業者信用から切り離して」考察すれば、そこでの貸付資本である商品資本の大きさは、産業資本家の再生産過程の大きさに基づ

第4章　アベノミクス・バブルの形成と崩壊

き、最終的な個人的消費か、または生産資本の生産的消費かに予定されているものであり、その決済・現金支払いは、約定期日になってはじめて買い手によって支払われることから、「架空の需要」が「現実の需要」の制限を乗り越えバブル的に膨張する運動はないとしている（⑪830－831頁）。

（2）銀行信用と「流通過程の短縮」、「架空需要」の限界

　マルクスは、近代的信用制度の下、商人資本が社会の総貨幣資本を動員し、買ったものを売りきる前に、「再生産過程の巨大な弾力性」により次の購入を繰り返すとする（⑨515頁）。銀行は手形取引の利子収入を目的に商業手形取引を拡大する。この商業信用と銀行信用の結合が「架空の需要」を膨張させるのである（図4-15③）。

　この「架空の需要」の膨張により次第に「目立たない個々の地点で、商品は売れないままに」なる（⑨515頁）。しかし、「架空の需要」が膨張しても潜在的な在庫過剰が表面化しない時期こそ、投資が投資を呼ぶことで「産業資本家が他の産業資本家たちを順々に運動させ」、それに伴う雇用増大で「労働者たちが完全就業をして通常よりも多くの支出をしうる」ので「消費はもっとも盛んになる」（⑨516頁）。このような「架空の需要」に基づく過剰生産を生み出す運動が過剰生産恐慌を準備する信用の膨脹・バブルである。

　アベノミクスの過剰な貨幣供給による「架空の需要」膨張は、低金利や都市部の不動産価格高騰を見込んだ不動産・住宅販売、さらに株式・投資信託証券の価格高騰で生まれた譲渡益、配当益による個人消費等からなる。それらは直接的に銀行による貸し付けの結果だけではなく、主に資産価格高騰の結果であり、その資産価格高騰が政府・中央銀行による貸し付け（国債、ETF・株式等リスク資産の買い切り）の結果であるところに重要な特徴がある。

（3）「架空需要」の「現実の需要」への均衡化

　マルクスは、「架空の需要」の膨脹が「現実の需要」にまで恐慌により暴力的に均衡化させられる過程を指摘している。在庫の山を抱える商人は貨幣還流のないうちに銀行に支払いを迫られ、また諸商品の転売が行われないうちに商業手形が満期になり、投げ売り、価格崩落で「外見的な繁栄に一挙に結末をつける」（⑨516頁）。よって恐慌は「直接的消費に関係する小売業」ではなく

「卸売業と……銀行業」において表面化する（⑨515頁）。

　アベノミクスの過剰な貨幣供給による「架空の需要」膨張が政府・中央銀行による貸し付けの結果である以上、この貸し付けが滞る事態、「政府累積債務増大」や「日米金利差拡大」「国際決済銀行による銀行保有国債のリスク資産指定（国債保有額に応じた自己資本拡大策）」による国債売却、国債価格下落・長期金利上昇が生じたならば、国債追加発行と日銀の買い切りによる資金供給で資産価格高騰を支えることは不可能になり、資産価格高騰に依存した消費は消滅する。国債や株式・金融資産を大量保有する銀行の経営危機が発生し金融資産投げ売り、金利上昇、住宅ローン破綻、資産価格の下落をひきおこす[4]。

（４）「資本の非所有者」による他人資本の運用

　マルクスは、近代的信用制度が「その性質上弾力的である再生産過程」を極限まで押し広げるとし、具体的に二つの「過度投機の主要な梃子」が働くとしている。その第一は、「資本の非所有者」による他人資本の運用である（⑩764-765頁）。これは「自分の私的資本の諸制限を小心翼々と考えながらやるのとはまったく違ったやり方で」過熱する傾向を持つ（⑩765頁）。また第二は、信用・手形取引が商品取引の「架空の需要」を生みだす関係が転倒し、「単なる手形づくりを目的とする商品取引」が発達することである（⑪836頁）。

　しかし、「信用が突然停止し、現金払いしか通用しなくなれば」、「支払手段にたいする猛烈な殺到」が起こる。全ての恐慌は信用恐慌、貨幣恐慌として現れ、「手形の貨幣への転換」だけが問題になる。この手形の大部分は「社会的必要をはるかに超えた」売買の膨張、「全恐慌の基礎」、「他人の資本で行なわれたが失敗した投機」「価値減少したり全然売れなくなっている商品資本」「もうはいってくるはずのない還流」を表す（⑪847-848頁）。

　アベノミクスの下、急激な価格上昇、取り引き増大を実現してきたETFやJ-REITも投資信託の証券化商品であり、証券会社や不動産会社が大量の他人資本を動員し「資本の非所有者」として取り引き拡大に「熱中」した結果である。また米国住宅関連バブルにおいて住宅ローン担保証券を作り出すために不動産取り引きが拡大したように、日本においてもETFやJ-REITを作り出すために株式や不動産取り引きを拡大する可能性が高まっている。

第4章　アベノミクス・バブルの形成と崩壊

（5）「資本の過多」と過剰生産との相互促進

　マルクスは銀行信用を通じて、産業・商業資本家の得た剰余価値・利潤、貨幣資本家の得た利子・配当、様々な階級の「全ての収入」が合わさった「貨幣資本の蓄積」が現れると指摘する（⑪869-873頁）。ここで重要なことは、剰余価値のうち蓄積に回らず将来消費に向かうような「産業資本の現実の蓄積とは本質的に異なる一契機がはいってくる」ことで、現実の蓄積と乖離した「資本の過多」が発生することである（**図4-15③**）（⑪873頁）。

　結論としてマルクスは、「貨幣資本の蓄積」「資本の過多」が「信用の発達につれて発展」し、「同時に生産過程をその資本主義的諸制限を超えて駆り立てる必然性、すなわち過剰取引、過剰生産、過剰信用が発展せざるをえない」と指摘している（⑪877頁）。

　つまり、資本主義的再生産過程自体が、「近代的信用制度」を用いて現実の蓄積と乖離した「資本の過多」を生みだし、それが商業信用と銀行信用の拡大による「架空の需要」を膨張させ「過剰取引」「過剰生産」を生みだす。その結果としての「貨幣資本の蓄積」はさらなる「資本の過多」を形成する[5]。このような「資本の過多」と「過剰生産」との相互促進こそがバブルの形成と崩壊、金融危機と結合した過剰生産恐慌のメカニズムである。

　アベノミクス・バブルにおいては、米国住宅関連バブルのような投資銀行の金融派生商品開発・普及ではなく、中央銀行の「異次元の金融緩和」により生み出された「資本の過多」が「第二の矢」「大型公共事業拡大」、「第三の矢」「成長戦略」との相互促進作用により、資産価格高騰とそれによる「架空の需要」を生みだしている。この「架空の」住宅・不動産需要、個人消費需要の増大は、賃金も上がらないままに「現実の需要」から乖離し、「架空の需要」に応じた生産の拡大、取引の拡大（それは潜在的な「過剰生産、過剰取引」）を生みだし、大企業収益拡大、株価高騰、さらなる「資本の過多」を生みだしている[6]。

　この「資本の過多」は、さらなる株価・資産価格高騰を引き起こすため、「成長戦略」という資本蓄積策、貧困促進策を必要とする。これは「資本の蓄積に照応する貧困の蓄積」法則の発展形態である。「一方の極における富の蓄積は、同時に、その対極における……貧困、労働苦、奴隷状態、無知、野蛮

化、および道徳的堕落の蓄積」(④1108頁)。これがアベノミクス・バブルの下で労働規制緩和や社会保障削減が進む理論的根拠である。

　以上、アベノミクスの特徴とそれが貧困と格差をいっそう拡大しながら「資本の過多」と「過剰生産」を相互促進することを見てきた。しかし、このような「相互促進」は、早晩、崩壊を迎えることになる。その終わりの始まりは2014年4月からの消費税率引き上げにほかならない。
　第一に消費税率引き上げは国内需要の停滞を通じ、逆に税収の減少、財政危機の深刻化を招く。深刻な財政危機は国債価格の下落、長期金利の上昇を生み、政府の国債発行は困難になり、資産価格高騰を支える日銀の「国債買い切り」による資金供給は停滞する。資産価格高騰に依存した消費は消滅する。国債や株式・金融資産を大量保有する銀行の経営危機が発生し、金利の上昇、住宅ローン破綻、資産価格のさらなる下落、緊縮財政による不況の激化をひきおこす。
　第二に消費税率引き上げは資産価格高騰に依存した「架空の需要」を消滅させるだけでなく労働者・家計の消費を抑制することで「現実の需要」も底割れさせる。その時、過剰生産が表面化し、アベノミクス・バブル崩壊による金融危機と結合した過剰生産恐慌に至る。その時に至れば、これまでの幾多のバブル崩壊時と同様に、何がアベノミクス・バブルを形成し、何がそれを崩壊させたかが追及されるであろう。

注
（1）日本政策投資銀行「2012〜14年度設備投資計画調査」によると資本金10億円以上の大企業2205社の2013年度における「海外／国内」設備投資比率｛(連結海外設備投資÷単体国内設備投資）×100｝は、自動車産業で約200％、製造業全体で100％余となっている。
（2）二宮厚美氏は「アベノミクス」「三本の矢」を「新自由主義的均衡をねらった三つの成長パターン」の組み合わせとして整理する。具体的には「第一の矢」「量的金融緩和策」は「バブル依存型の成長」「アメリカ型均衡」、「第二の矢」「機動的財政出動」は「公需依存型の成長」「ギリシャ型のパターン」、「第三の矢」「成長戦略」は「外需依存・投資主導型成長」「日本にとって『いつか来た道』」とされる（二宮厚美『安倍政権の末路—アベノミクス批判—』旬報社、2013年、58頁）。

第4章　アベノミクス・バブルの形成と崩壊

（3）友寄英隆氏は「アベノミクス」における「三本の矢」の関係について次のように指摘している。「『大胆な金融政策』という第一の矢は、第二の矢、第三の矢のための財源づくりという意味でも、前提になっています」。「さらに『アベノミクス』では、第一の矢の『大胆な金融政策』と第二の矢の『機動的な財政政策』は、『国債の大増発』という太い回廊で繋がっています。この回廊は、公共投資や大企業のための支出の『財源を豊かにする』ためにつくられたはずのものですが、同時に財政危機と金融危機を連動させ、日本経済を制御不能の経済危機へ発展させることで、日本発の国家債務危機・金融危機をひきおこす懸念もあります」。（友寄英隆『アベノミクスの陥穽』かもがわ出版、2013年、22頁、58頁）

（4）鳥畑与一氏は「異次元の金融緩和」の「予想される危険」として「名目金利の上昇」を指摘する。「名目金利の上昇とともに国債価格の暴落が現実のものとなり、民間金融機関はおろか日銀にも巨額の損失をもたらす」（鳥畑与一「アベノミクス『異次元の金融緩和』の検証」『経済』2013年12月号 No.219、133－134頁）。また鶴田満彦氏も「アベノミクスの2％物価上昇率目標が、かりになんらかの偶然的要因によって実現されたとすれば、長期利子率も当然2％以上になって、国債価格は大暴落して金融危機は再現」するとしている（鶴田満彦「アベノミクスで日本経済はどうなるか」『経済』2013年10月号 No.217、87頁）。

（5）不破哲三氏は、マルクス『資本論』第三部信用論における「資本の過多」と「過剰生産」との相互促進についてその意義を次のように指摘している。「再生産過程自体が自分で自分の資本力以上の余剰な貨幣資本を生みだし、それが生産拡大の梃子になるという、この仕組みを発見したことは、マルクスの信用論研究では、画期的な意義をもつ大事件でした」（不破哲三『資本論全三部を読む⑥』新日本出版社、2004年、249頁）。

（6）鳥畑与一氏は「異次元の金融緩和」の「予想される危険」として「80年代を上回るバブル膨張」の可能性も指摘する。それは「名目金利上昇にともなってゼロ金利状態が終われば『流動性の罠』が消滅」（プラスの金利に反応し貨幣保有から投資に転じ――筆者）し、マネーストックが急増する恐れを指す。具体的には「貨幣乗数（マネーストック／マネタリーベース）」「マーシャルのk（マネーストック/GDP）」がゼロ金利政策開始前の98年水準に戻るならば（貨幣乗数：5倍→11倍、マーシャルのk：1.79→1.16）、270兆円のマネタリーベースは2900兆円のマネーストックを生む。それは2500兆円のGDPに相当する過剰流動性であり「80年代以上のバブルを引き起こす危険が高い」（鳥畑、前掲論文、134頁）。

第5章　アベノミクスの失敗と暴走
——『資本論』第二部「バブルの論理」

「アベノミクス」と呼ばれる経済政策が始まり、2016年時点で4年が過ぎた。表5-1はその「4年間の実績」を次のように示している。①アベノミクス「1年目」に2.0％あった実質GDP成長率は「3年目」以降、減速し「アベノミクス前年（12年）」を下回る停滞に陥っている。②資本金10億円以上の大企業経常利益は、アベノミクス「1年目」以降、過去最高を更新し続け「4年目」には42.43兆円を記録した[1]。③労働者平均給与（月額）はアベノミクス4年間を通じ1000円しか上がっていない。④アベノミクス「2年目」に消費税増税のため物価は2.7％上昇したがその後再びデフレ不況に回帰している。⑤アベノミクス4年間を通じ正社員は22万人増、非正規社員は207万人増で、非

表5-1　アベノミクス4年間の「実績」

	2012年前年	2013年1年目	2014年2年目	2015年3年目	2016年4年目
①実質GDP成長率	1.5%	2.0%	0.3%	1.1%	1.0%
うち民需	1.9%	1.8%	0.2%	0.5%	0.3%
うち公需	0.5%	0.6%	0.2%	0.2%	0.1%
うち外需	-0.8%	-0.4%	0.0%	0.4%	0.6%
②大企業経常利益(年度)	25.97兆円	34.82兆円	37.42兆円	40.23兆円	42.43兆円
前年比増加率	+8.29%	+32.10%	+6.4%	+1.2%	+5.5%
③労働者平均給与月額	31.4万円	31.4万円	31.7万円	31.4万円	31.5万円
前年比増加率	△0.7%	0.0%	0.8%	△0.9%	0.3%
④消費者物価総合指数	0.0%	0.4%	2.7%	0.8%	△0.1%
⑤非正規雇用比率	35.2%	36.7%	37.4%	37.5%	37.5%
正規雇用者数	3,345万人	3,302万人	3,288万人	3,317万人	3,367万人
非正規雇用者数	1,816万人	1,910万人	1,967万人	1,986万人	2,023万人
⑥日経平均株価(12/1)	10,395円	16,291円	17,450円	19,033円	19,114円
⑦貯蓄ゼロ世帯の割合	26%	31%	30.4%	30.9%	30.9%

出所：内閣府「国民経済計算」、財務省「法人企業統計」、厚労省「毎月勤労統計調査」、総務省「消費者物価指数」、総務省「労働力調査」、金融広報中央委員会資料、日経プロフィルより筆者作成

正規から正規に転換する状況にない。⑥株価は約9000円上がったが、⑦貯蓄ゼロ世帯は常に30％以上となった。

このような大企業・富裕層と労働者の格差拡大、国民経済の停滞という「実績」は、到底「成功」とは言い難い。

本章は第一に、アベノミクスの「実績＝失敗」が何を意図して何に躓いたか、アベノミクス「金融緩和」推進論者の主張を統計資料から批判的に検証することを通して、分析する。

第二に、共にアベノミクスを推進する論者にあって、一方でその行き詰まり・失敗を認めない「楽観論者」とも呼ぶべき経済学者も、他方でその行き詰まり・失敗に不安な「悲観論者」とも呼ぶべき経済学者も、同様に「資産バブル形成」と「成長戦略実行」へ暴走する「論理」にとりつかれていることを解明する。

第三に、アベノミクスの金融バブル促進策を整理した上で、その本質を過剰生産、バブルの形成と崩壊、恐慌の法則性を解明したマルクスの「バブルの論理」に立ち返り、理論的に解明・批判する。特に架空の需要を生む資本の運動を生産資本循環と結合した『資本論』第二部「生産資本循環論」と「資本回転論」における住宅バブルの描写に注目し、アベノミクス・不動産バブル誘導策の失敗と破綻の必然性を明らかにする。

1、「異次元の金融緩和」の失敗

（1）繰り返される「出口なき」追加金融緩和策

2014年10月、日本銀行は追加の金融緩和策を発表した。**表５-２**はこの「追加緩和策」の概要である。それは、15年近傍での２％物価上昇達成を至上命題とし、市中銀行からの「国債買い入れをさらに年間30兆円（計80兆円）」、「ETF（上場投資信託）、J-REIT（上場不動産投資信託）買い入れを３倍」に増やし、これらをつうじ日銀が市中銀行に供給する資金・マネタリーベースを356兆円（対GDP比７割）まで増やす、としている。つづいて2016年１月、マネタリーベースの日銀当座預金「政策金利残高」にマイナス金利（－0.1％）を適用し、国債、リスク資産買入額も現状維持を確認、「量的緩和」継続をアピール

表5-2 「異次元の金融緩和」および一連の追加策概要

		金融緩和14年末実績	追加緩和14年10月(15年末実績)	「マイナス金利」導入16年1月(16年末実績)	「長短金利操作」導入16年9月(17年末予想)
2％物価上昇目標達成時期		「2年程度」と明示	15年度を中心とする期間	17年度前半ごろ	17年度(目標超過達成まで)
誘導目標		マネタリーベース 2年で2倍	「2％物価上昇」の堅持	日銀当座預金「政策金利残高」に-0.1％金利	長期金利を±0％近傍に引上げ利回り曲線傾斜大
マネタリーベース		275兆円	356兆円	436兆円	516兆円
国債買い入れ	対象	40年債まで広げ平均残存期間7年	残存期間7～10年	残存期間7～12年	買入「量」から金利＋利回り曲線傾斜の「質」へ。
	量	年間50兆円増加	年間80兆円増加	年間80兆円増加	年間80兆円増加
	保有額	250兆円	325兆円	410兆円	490兆円
リスク資産買い入れ	ETF 量	年間1兆円増加	年間3兆円増加	年間3兆円増加	年間6兆円増加
	ETF 保有額	3.8兆円	6.9兆円	11.1兆円	17.1兆円
	J-REIT 量	年間300億円増加	年間900億円増加	年間900億円増加	年間900億円増加
	J-REIT 保有額	1800億円	2700億円	3560億円	4460億円

出所：日銀発表資料および日銀「営業毎旬報告」より筆者作成

した。さらには2016年9月、異常な低金利・貸出利ざや低迷に苦しむ銀行への配慮から、短期金利をマイナスに維持しつつ、長期金利を±0％近傍に引き上げる「利回り曲線」操作、「長短金利操作付量的・質的金融緩和」策を決定した。同時に日銀の国債買入額年間80兆円の維持、ETF（上場投資信託）購入額の2倍化、年間6兆円への引き上げを決め、「量的緩和」の継続、「出口戦略」の否定を強調した。このような追加金融緩和策は、「金融緩和が様々な経路を通じ需要を高める」という「金融緩和」推進論者とも呼ぶべき経済学者の揺るぎない「信念」に依拠している。

表5-3 インフレ期待→実質負債残高減少理論

インフレ率2％	売上	負債
今年	1億円	1億円
来年	1億200万円	1億円

出所：筆者作成

（2）「実質負債残高減少」でも増えない投資

「金融緩和」推進論者は、デフレ期待をインフレ期待に転換し、「名目金利―インフレ率＝実質金利」の関係において「プラスのインフレ率」「マイナスの

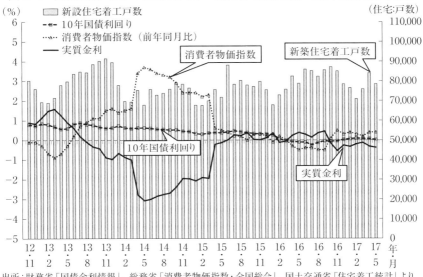

図 5-1　実質金利（10 年国債利回り－消費者物価指数）と住宅着工数の推移

出所：財務省「国債金利情報」、総務省「消費者物価指数・全国総合」、国土交通省「住宅着工統計」より筆者作成

実質金利」を実現すべきだと強調してきた。「プラスのインフレ率」は、企業の現在抱える負債の実質残高を減らし投資を誘発する（物価は上がるが名目負債額は変わらないため）という。表5－3はこの「インフレ期待による実質負債残高減少」理論の例である。今年、「売上」が1億円、「負債」も1億円の企業があり、「インフレ率」が＋2％の予想とする。すると来年、「売上」は1億200万円となるが「負債」は1億円のままであり、「売上」との関係において実質負債残高が減少し、企業は投資に積極的になるという。また「マイナスの実質金利」は資金調達コストを引き下げ、設備投資需要、住宅投資需要を引き出すという。しかし、図5－1は、マイナスの実質金利が実現しても新築住宅着工数は現状維持にとどまることを示している[2]。

(3) 金利低下、資産価格上昇でも増えない消費

「金融緩和」推進論者は、物価が上がり金利が下がると高利回りと資産価格上昇を期待しリスク資産への投資が増え、資産増大効果から消費需要が増大すると考える。事実、図5－2は、J-REIT の売買代金の膨張と J-REIT 証券の価

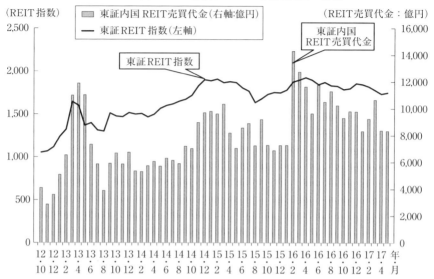

図 5-2　東証 REIT 指数と REIT 売買代金の推移

出所：東京証券取引所資料より筆者作成

格を表す東証 REIT 指数の高騰を示している。J-REIT 証券とは不動産で運用する投資信託を証券化した商品である。具体的には図 5-3 にあるように、「不動産投資法人 J-REIT」が投資家に J-REIT 証券を販売し資金を調達する。

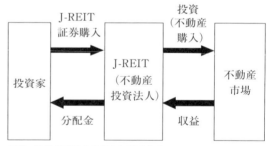

図 5-3　J-REIT（不動産投資信託）の仕組み

出所：投資信託協会資料より筆者作成

「不動産投資法人 J-REIT」はこの調達資金で不動産を購入・運用し J-REIT 証券を購入・保有する投資家に分配金を配当する。J-REIT 証券が買われると、その資金で運用される不動産も買われることになる。2013年 4 月の「異次元の金融緩和策」発表前後から不動産市場に余剰資金が流入し、また日銀自身の J-REIT 買い入れ強化策により、J-REIT 証券の価格を示す東証 J-REIT 指数や J-REIT 売買代金も上昇している。J-REIT 売買代金は12年12月比で13年 4 月に

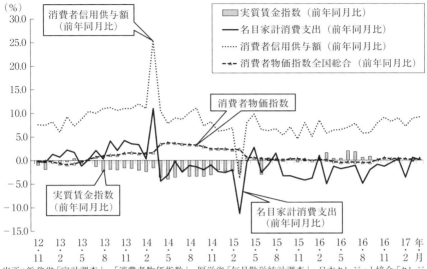

図 5-4 消費者物価指数、実質賃金指数、消費者信用供与額の推移

出所：総務省「家計調査」、「消費者物価指数」、厚労省「毎月勤労統計調査」、日本クレジット協会「クレジットカード動態調査」より筆者作成

3.3倍、16年2月に4.0倍に達している。

しかし、家計消費は増えていない。**図5-4**は、家計消費の14年3月における増加がクレジット借入による消費税増税直前の駆け込み需要であること、消費税増税後、家計消費の減少傾向が持続していることを示す。家計消費が増えない理由は実質賃金の低下である。**図5-4**は、実質賃金指数が「消費者物価指数がマイナスに沈んだ16年4～9月を除いて」一貫して対前年度マイナス値であることを示している。

(4) 実質賃金低下でも増えない雇用

「金融緩和」推進論者は、物価上昇による実質賃金低下が雇用を増やし、やがて実質賃金も上昇すると主張する。確かに**図5-5**は、アベノミクス以前からの有効求人倍率上昇を示す。しかし同時に重要な事実は2013年1月以降、正社員の就職者数が減少し、15年夏以降にはリーマン・ショック時の水準以下に落ち込んでいることである。いくら求人票が積み上がっても劣悪な労働条件ばかりでは職に就く人は増えない。

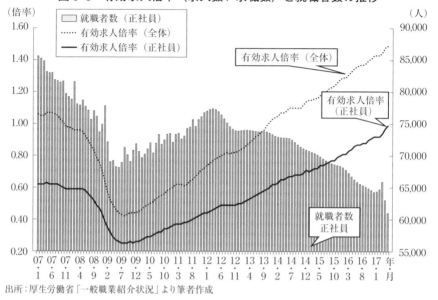

図 5-5 有効求人倍率（求人数／求職数）と就職者数の推移

出所：厚生労働省「一般職業紹介状況」より筆者作成

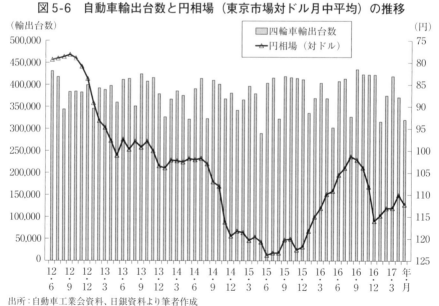

図 5-6 自動車輸出台数と円相場（東京市場対ドル月中平均）の推移

出所：自動車工業会資料、日銀資料より筆者作成

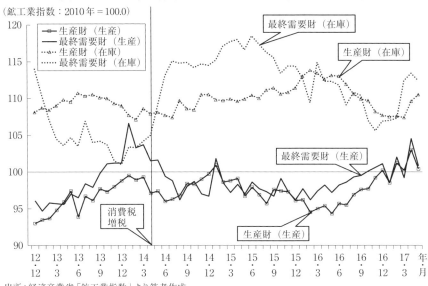

図5-7 生産財、最終需要財の生産指数、在庫指数の推移

出所：経済産業省「鉱工業指数」より筆者作成

（5）円安進行でも増えない輸出

「金融緩和」推進論者は、金利低下で円売り・円安となり輸出が増えると主張してきた。しかし、すでに指摘してきたように、急激な円安過程においても輸出数量は増えていない。**図5-6**は「自動車輸出台数と円ドル相場の推移」を表している。12年末ころから15年末にかけて、円は「1ドル＝80円」水準から「1ドル＝120円水準」へ急激に上昇し、その後も「1ドル＝110〜115円」の円安水準で推移している。しかしながら、自動車輸出台数は「月間40万台水準」で推移しながら、15年初ころよりその「水準」を割り込む月が増加している。円安による顕著な輸出促進効果は全く見られない。

（6）消費税増税による打撃

賃金・雇用が改善されないと消費も生産も増えない[3]。**図5-7**は、2014年4月の消費税増税を契機に生産財在庫指数が漸増、最終財在庫指数が急増し、生産財、最終財生産指数が低迷していることを示す。17年春においても、3年

図 5-8 主要国の付加価値税率、食料品税率、税収に占める割合

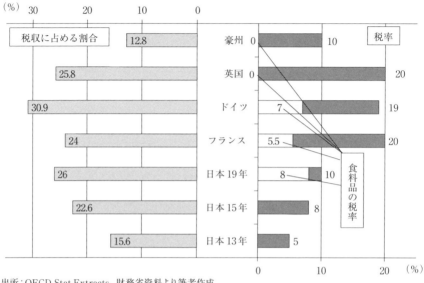

出所：OECD Stat.Extracts、財務省資料より筆者作成

図 5-9 ①消費税増税の本当の使い道　　②軽減税率とその財源「案」

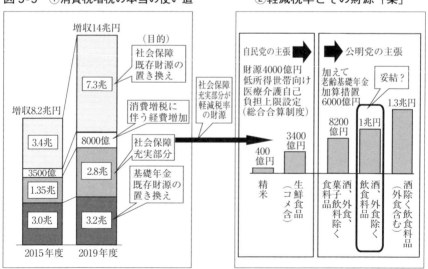

出所：財務省「これからの日本のために財政を考える」2015年7月より筆者作成

出所：「日本経済新聞」15年10月28日付より筆者作成

前の消費税増税ショックによる「在庫過剰」「生産停滞」の傾向は終息していない。14年4月の消費税率8％への引き上げは、次の理由から成長への打撃となった。第一に、税率8％、引き上げ幅3％の巨大さである。**図5-8**は「主要国の付加価値税率、食料品税率、税収に占める割合」を示している。一見、日本の税率8％は欧州福祉国家の20％水準と比べ軽課に映る。しかし、食料品への課税は英国0％、フランス5.5％、ドイツ7％で、日本の8％（食料品軽減なし）は日常的な重課である。第二に、消費税増税による増収部分の大半が「社会保障の充実」に使われず、既存財源の置き換え、流用にまわり、労働者・勤労市民の所得改善に結びつかないことである。**図5-9①**は「消費税増税の本当の使い道」を示している。2015年度8％への増税で得た8.2兆円のうち、「社会保障の充実」に使われる部分は1.35兆円、16.5％にすぎない。さらに2019年度に予定の10％への増税で得る14兆円のうち、「社会保障の充実」に使われる部分は2.8兆円、20％にとどまる。その上、2015年冬に自公両党が協議した「税率10％への引き上げに伴う食料品軽減税率導入（8％据え置き）」はその財源を「消費税増税に伴う社会保障充実部分」削減、具体的には「低所得者向け医療介護自己負担上限設定（総合合算制度）」や「老齢基礎年金加算措置」の中止に求めることを検討している（**図5-9②**）。偽りの軽減である。

以上からアベノミクス「金融緩和は様々な経路を通じ需要を高める」という「金融緩和」推進論者の主張を検証し、いずれの経路も行き詰まっていることを確認してきた。その上、労働者・勤労市民には無縁な「アベノミクスの成果」、大企業収益拡大や株価高騰を過信して断行した消費増税により、「需要を低め」、長期停滞に陥っている。

2、「金融緩和」から「成長戦略」待望への暴走

これまで見たように、アベノミクス「異次元の金融緩和」はあらゆる経済指標において失敗している。しかし、より重要な事実は、アベノミクス「異次元の金融緩和」推進論者において「失敗を認めない楽観論者」も「失敗に不安な悲観論者」も共に「資産バブルの形成」と「成長戦略・構造改革」を必要とする「論理」にとりつかれていることである。

(1) アベノミクス楽観論者の「成長戦略」待望論

　ここでは、アベノミクスの成功ゆえに成長戦略が必要と考える「楽観論者」として内閣官房参与、エール大学名誉教授の浜田宏一氏の議論を検討する。浜田氏は、金融緩和により「株価などの値上がりで豊かになった財布から消費をしてもらい、景気を底上げしようとして」おり、「金融緩和でGDPギャップを縮小できた」が、その後は「追加の需要刺激が効かなくなる状態」が予想されるという。よって「後は構造改革によって潜在成長率を高め、供給力を上げる改革が必要」「需要不足が解消した今からは、第三の矢である構造改革に軸足を移して」いくべきという。そして「成長戦略・構造改革」とは、規制改革、TPP、女性の就業率向上、法人減税だとする（『週刊エコノミスト』2014年9月16日号、『週刊ダイヤモンド』2014年12月27日号）。要するに、アベノミクス楽観論者の「成長戦略」待望論とは、「金融緩和により需要不足は解消済みなので、次は供給側の生産性向上策、構造改革が必要」、つまり「金融緩和成功ゆえの成長戦略待望論」とでも言うべき議論である。

(2) アベノミクス悲観論者の「成長戦略」待望論

　次にアベノミクスが成功していないがゆえに、成長戦略が必要と考える「悲観論者」として慶応義塾大学教授の櫻川昌哉氏の議論を検討する。

　櫻川氏は、第一に、低い実質金利の下では「リスク性の高い株式から安全性の高い社債、国債、預金へと『質への逃避』」が発生し、「利下げが経済の刺激に失敗すれば、大量に供給された貨幣が質への逃避先に加わってしまう」と言う。また第二に、「名目金利―インフレ率＝実質金利」の関係とは、名目金利がゼロなら「マイナスのインフレ率（つまりデフレ率）＝実質金利」なので「貨幣需要の理由はもっぱらデフレからの収益期待」となり「貨幣はそのまま資産として保有され、経済はデフレの罠に陥る」と述べる。よって第三に、「ゼロ金利」デフレに陥った経済から抜け出すには、量的緩和の資金供給だけでは不十分で、「質への逃避」を断ち切る解決策を必要とする。

　そして第四に、その解決策は「インフレ率目標を掲げ、貨幣需要を減らすこと」だがそれだけでは不確実という。第五に、さらなる解決策として「リスク性の高い資産の収益率の回復を図り、株式や住宅等の資産市場への資金の流れ

を作ることで貨幣需要を減らす政策」、つまり資産バブルの形成による貯蓄から投資へのシフトを提案する。最後に、近年日本の自己資本利益率（ROE）が、小泉「構造改革」期を除き下落したことが、「質への逃避」を加速させ、デフレと長期停滞を引き起こしたとする説を紹介し、株式、住宅等資産バブルの形成と資本の利益率を上げる「構造改革」「成長戦略」の必要性を主張している（「米緩和『株バブル』で出口へ」『日本経済新聞』2015年2月18日付）。

これは要するに、金融緩和したが貯蓄から投資に向かっていない、したがって「株主に高いROEを保証する……米国伝統の株主資本主義」を実現すべく「成長戦略」を実行し、資産バブルを促進し、投資を引き出せという「金融緩和失敗ゆえの成長戦略待望論」とでも言うべき議論である。

（2）展望なき「成長戦略」——法人税減税、TPP、女性の活躍促進

このように「成長戦略」には、アベノミクス楽観論者、悲観論者共々、大きな期待がかかるが、労働者・勤労市民もその期待を共有することができるであろうか。ここでは、15年6月閣議決定「日本再興戦略（改訂）」のうち、3つを検討したい。

①法人税改革は、「企業の立地競争力を強化する」ために5%程度税率を引き下げるとしている。しかし、5%の法人減税が「企業の立地競争力を強化する」ことはない。経済産業省「海外事業活動基本調査2014年度版」によると、日本企業の海外直接投資決定要因のうち一番有力な理由は「現地での製品需要71.8%」であり「税制」を挙げる企業は8.7%に過ぎない [4]。法人減税は大企業内部留保を増やすだけで投資を増やしはしない。さらに法人税減税は大企業の国際競争力強化にもほとんど役立たない。図5-10は「法人税と国際競争力の関係」を示している。①2016年、日本の全製造業販売高は396兆円であった。②そのうち経常利益は24兆円である。③今、仮に法人税率が2011年度の約40%だとする。納税額は9.6兆円である。④つづいて法人税率が2018年度に予定される

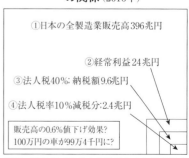

図5-10 法人税と「国際競争力」の関係（2016年）

①日本の全製造業販売高396兆円
②経常利益24兆円
③法人税40%：納税額9.6兆円
④法人税率10%減税分：2.4兆円
販売高の0.6%値下げ効果？
100万円の車が99万4千円に？

出所：財務省「法人企業統計」より筆者作成

図5-11 日本郵政をめぐる支配関係

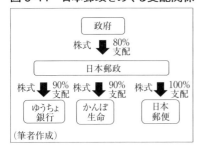

図5-12 日本郵政の業務委託関係

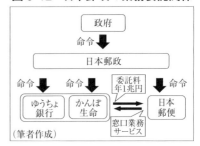

30％まで10％減税されるとする。この法人税率10％分の減税は金額にすると2.4兆円である。要するに法人税を例え10％減税しても、減税額2.4兆円は販売高396兆円の0.6％に過ぎない。減税額2.4兆円を全て価格競争力として販売価格引き下げに用いても0.6％の値下げにしかならない。100万円の自動車が99万4000円になるだけである。

② TPP交渉において、米国側が最重要視している交渉分野は「医薬品の知的財産権保護」と並んで「郵政完全民営化」（国有企業改革）だと見られている。公社化したとはいえ、事実上の国営企業とみなされる日本郵政とその三事業は「政府保証」の下、不公正競争を行い、米国系金融機関の対日投資を妨げていると批判されてきた。また日本の大銀行や保険会社も「預金残高175兆円の郵貯銀行」「保険契約準備金93兆円のかんぽ」など日本郵政のもつ資産と市場を取り込むため、郵政完全民営化を求めている。要するに米日の金融大企業は、日本政府や日本郵政の保有する郵政株を買収・支配することで、配当益の確保、郵貯、かんぽ資金の投機的運用、収益の低い公共的サービスからの撤退と各種手数料値上げなどを追求している。図5-11は「日本郵政をめぐる支配関係」を示している。郵政3事業の株式90〜100％を日本郵政が保有し、その日本郵政の株式の80％を政府が保有している。また図5-12は「日本郵政の業務委託関係」を示している。図5-11のような株式支配関係を前提に、政府は日本郵政を通じ郵政3事業に「全国一律の非営利的公共サービスの展開」を命令している。具体的には、日本郵政が独自の窓口施設、人員を持たない「郵貯」「かんぽ」に命令して「日本郵便」に「窓口業務サービス」を委託させ、委託料として年間1兆円を拠出させている。全国2万4000局以上の郵便局、その非営利的公共サービスを維持させる業務委託契約は、日本郵政、政府の株式

保有に基づく命令があってはじめて機能している。TPP交渉による郵政完全民営化、全株式売却の後、新たな大株主となる米日の金融大企業がこのような非営利的公共サービスから撤退と高収益事業への集中を「命令」し、株価・株式配当第一の経営への転換をはかることは明らかである。

　③「女性の活躍促進」は、「女性の働き方に中立的な税・社会保障制度等への見直し」を強調し、社会保険における「配偶者控除」や正社員の夫の「配偶者手当」が女性のフルタイム就労を阻んでいると主張している。しかし、「配偶者控除」「配偶者手当」を廃止しても女性のフルタイム職が増えるわけではない。直接契約をねらいとして始まった「子ども・子育て支援新制度」（保育新システム）のもとで、認可保育所の待機児童はなくならないこと、医療・介護法の改悪で介護サービスが後退し、介護が地域・家族責任としてすすめられていること、限定正社員制度や労働者派遣法改悪が雇用の不安定化と差別的待遇の固定化をもたらしていること等々、以上を考え合わせれば、安倍政権の言う「女性の活躍」という言葉の実態は、女性を安上がりな労働力として、子育て・介護の無償の担い手として酷使しようとするものであることが明白であろう。

　以上のような「成長戦略」は、上位1％の大企業の利潤や株価を押し上げても労働者・国民の賃金・所得を押し下げるばかりである。「金融緩和」推進論者は、「企業の株式時価総額を実物資産の価値で割った値（q）が1より大きくなればなるほど設備投資が増える」「株式時価総額の高さは市場関係者の評価の高さを反映し、経営者に投資を促す」と考える（トービンのq効果）[5]。しかし、設備投資が停滞する原因は、株式市場からの資金調達不足ではなく家計の消費需要不足であり、労働者・国民の賃金・所得の減少である。「働き方改革」や「社会保障の削減と産業化」と合わせ、このような「成長戦略」こそが格差拡大による慢性的な需要不足、長期停滞の原因である。国民経済を根底から立て直すためには、「正社員が当たり前」の雇用の安定化と賃金の抜本的な引き上げ、それによる国民の購買力・消費需要増加が必要である。春闘において「闘う労働組合」が要求している一律5％（月1万5000円〜2万円）程度の賃上げは大企業の国際競争力を弱めはしない。図5-13は「賃上げと国際競争力の関係」を示している。①2016年度、国内全産業の売上高は1456兆円である。②この売り上げを実現するため投じられた人件費は176兆円である。③今、

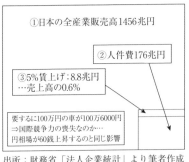

図5-13 賃上げと「国際競争力」の関係(2016年)

出所:財務省「法人企業統計」より筆者作成

5％の賃上げにより増加する人件費は8.8兆円となる。これは売上高の0.6％であり、仮に「内部留保の取り崩し」でなく価格への転嫁を行っても販売価格が0.6％上昇するにすぎない。要するに100万円の自動車が100万6000円になるに過ぎず、国際競争力の喪失とは到底言い難い。「輸出価格が0.6％上昇する」という意味では、「1ドル＝100円」の為替相場が60銭円高になることと同じである。1万ドルの日本車が「1ドル＝100円、1万ドル×100円＝100万円」から「1ドル＝99円40銭、1万60ドル×99円40銭≒100万円」に変わることと何ら変わらないのである。

3、アベノミクス・バブル待望論と『資本論』第二部「バブルの論理」

(1) アベノミクスのバブル待望論とバブル膨張策

　これまで見たようにアベノミクス楽観論者は、「金融緩和」による実質金利低下が株式・資産需要を高め、資産効果を通じ民間消費需要を高めることに成功したとする。またアベノミクス悲観論者は、実質金利低下だけでは「貯蓄から投資へ」のシフトは不確実なので、リスク性の高い資産の収益率を高め、株式・資産需要を高める必要があるとしている。両者は目標達成度の評価において異なるものの、「資産バブルが必要」であり「資産バブルのテコとして大企業収益率を高める成長戦略が必要」という認識を共有している。だからこそ安倍政権は、14年秋以降、次のような資産バブル膨張策を順次展開している。

　①2014年10月、日銀「追加金融緩和」発表と同時に、年金積立金管理運用独立行政法人（GPIF）は、資産約130兆円の運用指針見直しを正式発表。国内債券の割合を60％から35％に引き下げ、国内外株式を24％から50％に、外国債券も11％から15％に引き上げる。

　②15年2月25日、国家公務員の年金資産7.6兆円を運用する国家公務員共済

組合連合会は GPIF に準じた運用指針見直しを正式発表。地方公務員共済組合連合会（運用資産18.9兆円）、日本私立学校振興・共済事業団（運用資産3.8兆円）も同じ資産構成に移行する予定。

③14年12月26日、日本郵政、ゆうちょ銀行、かんぽ生命保険は15年秋の株式上場を正式発表。3社合計の初回売却額は1～2兆円。政府保有の日本郵政株は3分の2を、日本郵政保有のゆうちょ銀行、かんぽ生命保険株は2分の1を順次売却予定。またゆうちょ銀行、かんぽ生命保険は保有資産の国債から株式への転換を進め運用利回り向上を進める。

④「平成27年度税制改正大綱」は少額投資非課税制度（NISA）投資枠の年100万円から120万円への拡大、および子ども名義の「ジュニアNISA」（投資枠年80万円）創設を明記。

特に上記①②③に日銀のETF購入を加えた公的資金による日本株購入余力は27兆円にも上り、15年1月以降の株価上昇を演出している[6]。

（2）『資本論』第二部「生産資本循環」論における「バブルの論理」

1980年代後半の日本経済の成長が平成バブルと結びつき、また2000年代半ばの米国経済の成長が住宅関連バブルと結びつき、現在、アベノミクスの「バブル待望論」が台頭しているように、資本主義は実体経済の停滞を金融バブル・資産価格高騰による資産効果、「架空の需要」増大で解決する試みを繰り返してきた。そして「資本主義的生産様式は、その過程の規模が必要とする、流通過程を短縮する形態を、信用のなかでつくりだす」（『資本論』第二部第一草稿）と本質的・法則的に捉え、その「流通過程を短縮する形態」とは、商品流通が現実の需要から独立し架空の需要に沿って膨張する、いわゆるバブルの運動であることを解明したのはマルクスである。以下、『資本論』第二部「生産資本循環」論を導きの糸にバブルの論理を考察してみたい。

マルクスは、現行『資本論』第二部の生産資本循環論において、この「流通過程の短縮」「現実の需要から独立化」した「架空の」需要の膨張メカニズムを解説している。ここで「短縮」される流通過程「商品 W' －貨幣 G' －商品 W」は、「生産資本循環 $P \cdots P$」成立の条件として図5-14のように位置づけられ、過剰生産恐慌と結合することが明確に示されている。また最終消費者への販売を待つのでなく、商人への販売により「資本の循環過程」が短縮される

図5-14　生産資本循環の「流通の短縮」

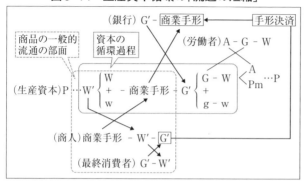

ことと（**図5-14**実線囲み部分）、最終消費者への販売により「一般的流通の部面」として完結すること（**図5-14**点線囲み部分）とは、「時間的にも空間的にも」分離され「資本の流通では達成され」ながら「一般的流通の部面でこれからなお達成されるべきもの」に分裂すると整理される（⑤109-110頁）[7]。

　その上でマルクスは、この「生産資本の循環」論においても『流通過程の短縮』という運動形態が恐慌へと結びつく過程を以下のような五つの局面に分析し追跡している。

　①**図5-14**のように、生産資本Pにとっての商品W′-貨幣G′という販売・流通は、資本の循環過程（**図5-14**実線囲み部分）継続のために、W′がG′に転化され、販売されたことだけを意味している。このW′が商人の手中にあり、後に一般的流通部面（**図5-14**点線囲み部分）で最終消費者に購買されるかどうかは、このW′を生産して商人に売った生産資本Pの「資本の循環過程」継続と関係しない。「資本の循環過程」W′-G′-Wは進行を続け、関連して現れる資本家の個人消費（**図5-14**のg-w）および労働者の個人消費（**図5-14**の労働力A-G-W）も進行し続ける。以上は、「資本の循環過程」が商品の「一般的流通部面」から乖離して進むことで、商人の手中にあるW′が現実の最終消費（**図5-14**「商人」のW′-G′）に至らない可能性を意味し、「恐慌の考察にさいして重要な一点」となる（⑤119頁）。

　②産出したW′商品が「一般的流通部面」において「現実に個人的または生産的消費にはいり込んでいなくても」（**図5-14**の最終消費者G′-W′が完了しなくても）、売れ残りが表面化しない限り、「資本の循環過程」は同様な、または拡大された規模で進行しうる（⑤119頁）。

　③**図5-14**の「資本の循環過程」W′-G′-Wが拡大されているならば、そ

れは循環過程後半の購買 G′－W における生産諸手段 Pm の生産的消費拡大および労働力 A の購買の拡大、それと結びついた労働者の個人的

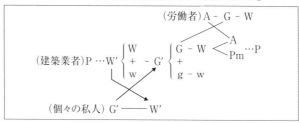

図5-15　資本主義発達以前の「注文建築」

消費 A－G－W の拡大をともなう（⑤120頁）。

④このように剰余価値の生産、資本家、労働者の個人的消費が増大し、「資本の循環過程」全体は繁栄をきわめた状態にありながら、「一般的流通部面」（図5-14「商人」のW′－G′）において「諸資本の一大部分は外観上消費にはいっているにすぎず、現実には売れずに転売人たちの手中に滞積」していることがありうる（⑤120頁）。

⑤現実に売れ残り（図5-14「商人」のW′がG′に転換できない）が明らかになると、商人の手にある商品は「一般的流通部面」において「市場で互いに席を争奪」し合い、「価格を下げて」売られる。しかしそれらが最終消費者に売れて現金化されていないのに、購買に発行した商業手形決済（図5-14の「手形決済」）の「支払期限が到来する」。商人は「破産を宣言」するか「どんな価格ででも」売るしかなく「そこから、恐慌が勃発する」（⑤120頁）。

以上が『資本論』第二部第一篇「生産資本循環」論における「金融バブルの形成と崩壊に結合した恐慌」の論理である。ここで金融バブルは、現実の需要から二段階（第一段階：最終消費者により消費されるだろうという商人の思惑、第二段階：商業手形取引で利子が得られるだろうという銀行の思惑）乖離した架空の需要に沿って、「銀行」による商業手形購入が続く限り膨張する[8]。

（3）『資本論』第二部「資本の回転」に描かれた住宅バブル

マルクスは、『資本論』第二部第一篇「資本循環」につづき第二篇「資本の回転」において、住宅バブルの形成に触れている。ここでは住宅建築と販売をめぐり、架空の需要の膨張と消滅が、生産資本循環における「流通過程の短縮」と類似した論理で描かれている。

①最初にマルクスは、「資本主義の発達以前」に家屋は注文で建築され、代

図5-16 発達した資本主義における「市場めあての」「思惑建築」

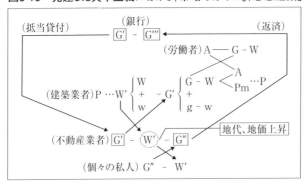

価は建築中に建築業者に支払われ思惑では建築されないとする（⑥368頁）。図5-15のように、「建築業者」の資本循環過程は「個々の私人」の購買、現実の需要に制限され膨張する余地はない。

②次にマルクスは、「発達した資本主義」では、「注文による建築はもうごくまれ」となり、家屋は「思惑で建てられ」、建築業者は「顧客のためでなく、市場めあてに仕事をする」としている。「建築業者」は「広大な地所を買い……100戸とか200戸とかの家屋をそこに建て」「自分の資産の20倍から50倍にもなる事業に」手を出す。資金は「銀行」から「抵当の設定で調達され」る。そして最後に「恐慌が起こり」、「前払金の払い込みが停止されると、普通は全事業が瓦解する。最善の場合でも家屋は景気回復まで未完成のままにされ、最悪の場合には競売にかけられ半値で売りとばされる」（⑥368頁）。

この変化を図5-16で示すと、「建築業者」は「個々の私人」に注文販売するのではなく「市場めあて」に販売する。今、この「市場めあて」を便宜上「不動産業者」と捉えると、家屋は「個々の私人」の現実の最終需要を離れ、「不動産業者」の「思惑」による架空の需要に沿って建設、販売される。この「思惑」、架空の需要を膨張させるのは「銀行」による抵当貸付である。ここで不動産物件の需要は、現実の需要から三段階（第一段階：個々の私人により最終消費される思惑、第二段階：抵当貸付で利殖する思惑、第三段階：地代、地価騰貴の思惑）乖離した架空の需要に沿って、「銀行」による抵当貸付が続く限り膨張する。

マルクスは、家屋・不動産の需要が専ら「地代、地価騰貴の思惑」により膨張する様を指して、「建築そのものからの利潤はごくわずか」で「主要な利得は地代の騰貴から、建築用地の巧妙な選択及び利用から得られる」ようになると指摘している（⑥368頁）。しかし、「個々の私人」による最終消費、「不動産

業者」への支払いが途絶し、不動産価格・担保価値が下落すると、「不動産業者」は「銀行」への返済が滞り経営破綻し、「建築業者」も建設中断に至る。ここで金融バブルは、不動産業者の思惑による購買と銀行の担保貸付が利子を得ら

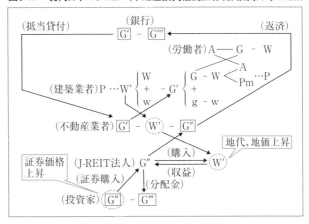

図5-17　現代日本のJ-REIT（不動産投資信託証券化）投資目的の建築

れるという思惑と、さらに「地代、地価の騰貴」の思惑に沿って、「銀行」による抵当貸付が続く限り膨張する。

(4) アベノミクス・不動産バブルの形成

　以上のマルクスの論理の確認のうえに、アベノミクス・不動産バブルの形成を「流通の短縮」視角から図5-17を用いて考察することにしたい。不動産物件は銀行の抵当貸付を受けた「不動産業者」の「思惑」購入後、「J-REIT法人」に転売される。この「J-REIT法人」の物件購入は「投資家」のJ-REIT証券購入資金により支えられ、「J-REIT法人」は購入した不動産物件の「地価、地代騰貴の運用収益」から「投資家」に分配金を支払う。「地価、地代騰貴の運用収益」増大の「思惑」が高まればJ-REIT証券は騰貴し、J-REIT証券需要の増大が「J-REIT法人」による不動産需要増大、建設需要増大へと波及する。家屋・不動産の最終消費を待たずに、建築業者の設備投資需要、建築労働者の個人消費需要も膨張し、不動産建築が続行する。このように不動産物件の需要は、現実の需要から四段階（第一段階：個々の私人により最終消費される思惑、第二段階：抵当貸付で利殖する思惑、第三段階：地代、地価騰貴の思惑、第四段階：J-REIT証券価格騰貴・分配金増大の思惑）乖離した架空の需要に沿って、その資金供給・証券投資が続く限り膨張する。ここで金融バブルは、不動産業者、「J-REIT法人」の思惑による不動産購買と銀行の担保貸付、「投資家」

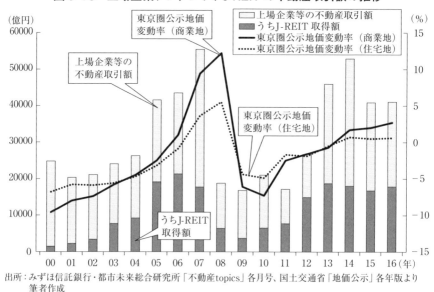

図5-18 上場企業、ファンド、J-REITの不動産取引額の推移

出所：みずほ信託銀行・都市未来総合研究所「不動産topics」各月号、国土交通省「地価公示」各年版より筆者作成

の思惑による証券購入が利子、「地代、地価騰貴」「証券価格上昇と分配金増大」を目的に繰り返されることで、証券投資が続く限り膨張する。図5-18は、上場企業、J-REIT法人不動産取引がリーマン・ショック前水準に回復し東京圏の地価も再騰貴し始めたことを示す。

無限に膨張・拡大する資産バブルなどあり得ない。ましてやこの不動産・J-REITバブルが政府、日銀の資産バブル膨張策によるものであれば、なおさらである。インフレが続けば、財政赤字がさらに拡大すれば、円安がさらに進めば、それでも国債価格は安定しゼロ金利が継続し不動産、証券市場への資金供給は続くであろうか。

図5-19は、主要銀行、信金の「貸出金・有価証券利回り」および「総資金利ざや」が「金融緩和」の下で下落し続けていることを示す。市中銀行が利回り向上を求め国債入札に応じなくなれば金利急騰、国債価格急落となる。

アベノミクス・バブルの破綻、恐慌に至る前に、賃金主導・社会保障充実による内需拡大をすすめ、応能負担による財政再建、家族農業と自然エネルギー

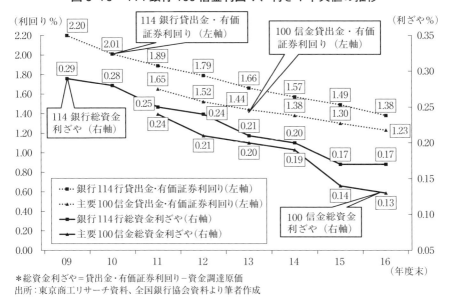

図 5-19　114銀行100信金利回り、利ざや中央値の推移

＊総資金利ざや＝貸出金・有価証券利回り－資金調達原価
出所：東京商工リサーチ資料、全国銀行協会資料より筆者作成

振興策をすすめ、国民経済を優先した貿易赤字解消と安定成長政策が求められている。

注
（1）2016年度、資本金10億円以上大企業における内部留保の中核、利益剰余金は196兆円、資本剰余金は102.8兆円で過去最高を更新している。各種引当金も28.9兆円所有している。
（2）伊東光晴氏は、0.5〜1.0％と小幅な利子率変化がより幅の大きい利潤率変化に吸収され投資の決定要因にならないとする。また13年以降の株高は株価復調が遅れていたアジアの株式市場へ外国人投資が増えたためであり、円安も財務省の為替介入によるものにすぎないと断定している（伊東光晴『アベノミクス批判―四本の矢を折る―』岩波書店、2014年）。
（3）服部茂幸氏は、「失業率が上がると賃金が下がる」「失業率が下がると賃金が上がる」という「フィリップス曲線（失業率と賃金との反比例関係）」を念頭に、米国が高失業率でも賃金が下がりにくい「賃金の下方硬直性ゆえのデフレ回避経済」であり、日本が低失業率でも非正規雇用への代替が進み賃金が下がりやすい「賃金の上方硬直

性ゆえのデフレ経済」であると分析している（服部茂幸『アベノミクスの終焉』岩波新書、2014年）。

（4）経済産業省「海外事業活動基本調査」2014年度、海外進出大企業698社の調査結果。

（5）この点は浜田宏一他編『リフレが日本経済を復活させる』中央経済社、2013年、64頁参照。

（6）UBS証券推計。「日本経済新聞」2015年3月12日付より。

（7）不破哲三氏は、マルクスの「流通過程の短縮」論の第二部「第一草稿」から「生産資本循環論」への発展を次のように紹介している。「この角度から見ると、商品の商人への販売は、資本の循環としての課題を達成するが一般的商品流通としての課題は未達成の状態だという、新しい特徴づけがおこなわれます」。「ここには、『流通過程の短縮』という運動形態を、資本主義的市場経済の必然の産物として位置づける点での、第一草稿以降のマルクスの思考の深まりがあるように思われます」（不破哲三『資本論全三部を読む』第4分冊、新日本出版社、2003年、118頁）。

（8）ここで介入する信用が商人による商業手形だけであれば、「産業資本家」の商品への需要は、現実の「最終消費者」の需要・購買から一段階（最終消費されるだろうとの思惑）乖離した架空の需要に沿ってだけ膨張することになる。

第6章　アベノミクス成長戦略の欺瞞性
——『資本論』第三部「株式バブルの論理」

　「アベ政治はアベコベ政治」と言われ続けて5年になる。自衛隊が海外で戦争をするための法律を「平和安全法制」と呼び、オール沖縄が断固拒否する米軍基地建設を「沖縄の負担軽減」と呼ぶ。このような「真逆の言葉で偽った反国民的政策実行」＝「欺瞞性」は経済政策・アベノミクスにも一貫している。本章は第一に、アベノミクス「成長戦略」の欺瞞性を「ニッポン一億総活躍プラン（2016年6月2日閣議決定：以下「活躍プラン」）」「働き方改革実行計画（2017年3月28日働き方改革実現会議決定）」「骨太の方針2017（2017年6月9日閣議決定：以下「骨太の方針」）」を貫く四つの「重要課題」において検証する。第二に、アベノミクスの欺瞞性が一過性の病でなく、日本の大企業社会内部の構造変化、株主構成の変化に伴う「株価・株主最優先ともいうべき経済政策の歪み」（大企業・富裕層や投機家等大株主の株式利益のため大多数の利益を犠牲にする矛盾）を原因とすることを解明する。そして、経済成長を株価上昇にすり替え、株価・株主、投機家利益最優先政策を強行するアベノミクスそのものが、すでに限界に至ったことを示す。第三に、株価・株主、投機家利益最優先政策、「株主資本主義」の本質をマルクス『資本論』第三部の「バブルの論理」と「株式資本」論[1]を「導きの糸」とし検討する。そして実体経済の資金需要から乖離した自己目的的な株式投機の膨張・「株式バブル」に依存した資本主義経済の本質が、株主利益の自己目的化、「資本の物神性」支配拡大、労働者・国民の疎外であり、この矛盾を隠蔽する欺瞞性にあることを解明する。

1、「成長戦略」の欺瞞性

（1）「働き方改革」による「成長と分配の好循環」という欺瞞性

　アベノミクスそのものの基本的欺瞞性は、「国民生活向上・成長への幻想」

を「株価上昇」として演出するため、逆に国民経済を停滞させる「成長戦略」を強行する矛盾にある[2]。その上で、この「成長戦略」の最初の欺瞞性は「成長と分配の好循環」と「働き方改革」との関係性に現れる。その第一は、「長時間労働の是正」と偽り「残業代ゼロ法」「労働時間上限規制」なるものを強行する欺瞞である。「活躍プラン」は、長時間労働が「少子化」「女性のキャリア形成を阻む」原因と述べる。しかし他方で「骨太の方針」は、「生産性の向上」のために「高度プロフェッショナル型労働制・残業代ゼロ法」の「早期国会成立」を主張する。労働時間規制・残業代割増支給の廃止は、長時間労働の是正でなく隠蔽に他ならない。また「働き方改革実行計画」と「骨太の方針」は、残業時間上限を「月60時間、年720時間を基本に、繁忙期は月100時間未満」とした。しかもこの「上限」は「休日労働」を含まず、「休日労働を含めた上限は月80時間、年960時間」となっている[3]。過労死の危険も容認という「上限」は政府の「長時間労働是正」の欺瞞性を表している。

　第二は、「同一労働同一賃金」と偽って格差を容認する欺瞞性である。「活躍プラン」と「骨太の方針」は、「非正規雇用者の待遇改善」により「均等待遇及び均衡待遇を求める法改正」を行うという。しかし、「働き方改革実行計画」と「骨太の方針」は、「経験や能力」「転勤・配転の可能性」「業績・成果」の違いによる待遇格差を容認し、企業に「待遇差の理由等についての説明義務」を課しても、「待遇差の合理性についての立証責任」を課すことはない。これは偽りの格差解消論、欺瞞そのものである。

　「活躍プラン」と「骨太の方針」はこのような偽り、欺瞞を「成長の果実なくして分配なし」「潜在成長力を引き上げていく必要」という抽象論で言い訳する。しかし事実は異なる。図6-1は、日本だけが労働生産性の向上にかかわらず雇用者報酬が低迷したことを示している。また図6-2も、「1997年以降2015年まで」、先進国のなかで日本だけが賃金の低下傾向に陥り、結果として図6-3のように、名目GDP・経済成長率もマイナス成長であることを示している。「1997年以降2015年まで」、日本の「構造改革政治」は、派遣労働の自由化、成果主義による正規リストラ等、「働き方改革」を繰り返してきた。その結果が低賃金と低成長の悪循環なのである。図6-4は、アベノミクス4年間の「成果」が実質賃金、家計消費減少であり、「成長と分配の好循環」の対極にあることを示す。

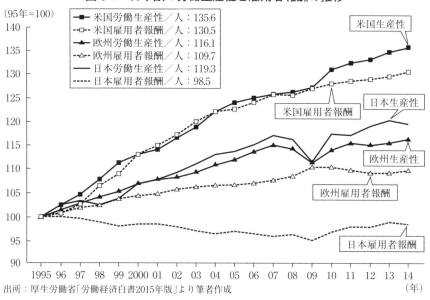

図6-1 日米欧の労働生産性と雇用者報酬の推移

出所：厚生労働省「労働経済白書2015年版」より筆者作成

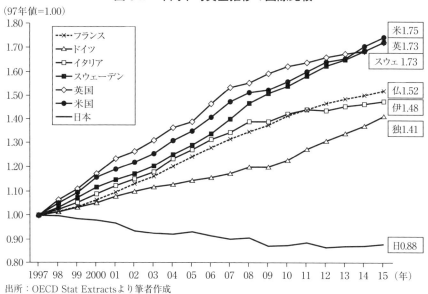

図6-2 年間平均賃金推移の国際比較

出所：OECD Stat Extractsより筆者作成

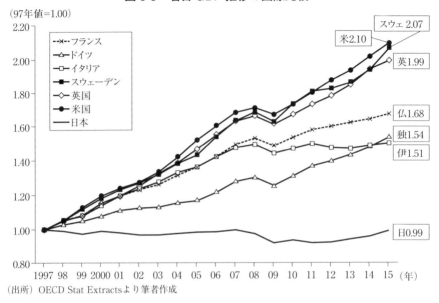

図6-3 名目GDP推移の国際比較

(出所) OECD Stat Extractsより筆者作成

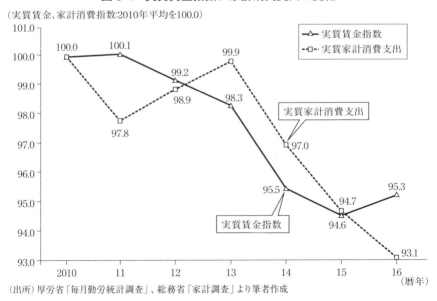

図6-4 実質賃金指数、家計消費支出の変化

(出所) 厚労省「毎月勤労統計調査」、総務省「家計調査」より筆者作成

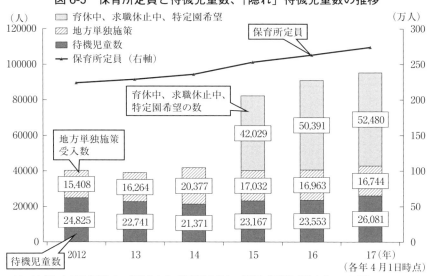

図6-5 保育所定員と待機児童数、「隠れ」待機児童数の推移

＊12〜14年における「育休中、求職休止中、特定園希望」の「隠れ待機児童数」はデータがない
出所：厚労省「保育所等関連状況取りまとめ」より筆者作成

（2）「社会保障削減」が「安心につながる社会保障」という欺瞞性

　次に、「成長戦略」の欺瞞性は、「安心につながる社会保障」と「社会保障削減」との関係性に現れている。その第一は「待機児童解消」策として「企業主導型保育拡大」を進める欺瞞性である。「活躍プラン」「骨太の方針」は、待機児童解消策として、認可保育所と比べ保育士有資格者の配置基準が半分の「企業主導型保育事業の活用」を推奨している。また保育士不足解消のため2％の賃金引き上げを掲げている。しかし、現場で働く人の半分が無資格者となる事態は、職務の専門性と賃金・待遇を引き下げる圧力となり、人員不足、受け皿不足を招く。事実、図6-5のように、2017年9月1日付厚労省「保育所等関連状況取りまとめ」は、2017年4月時点での待機児童数を2万6081人、他に「地方単独施策受入数」等として待機児童数から除かれた「隠れ待機児童数」を計6万9224人と、いずれも前年比増の結果を報告している。また「骨太の方針」は、「保育無償化」「待機児童解消」に向け「新たな社会保険方式の活用」による「安定的な財源確保」を提案する。

　しかし、図6-6の示す通り、日本の社会保険料負担は低所得世帯ほど高負

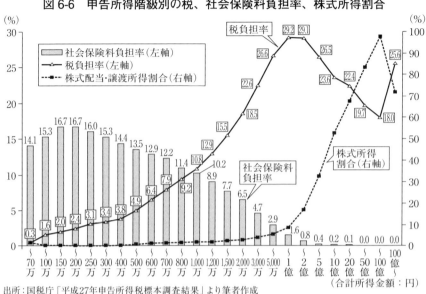

図6-6 申告所得階級別の税、社会保険料負担率、株式所得割合

出所：国税庁「平成27年申告所得税標本調査結果」より筆者作成

担な著しい逆進性という欠陥を有する。この「子ども保険」案は子育て世代への支援策としては不向きであり、負担能力の高い（株式所得割合の高い）大企業・富裕層の負担逃れを助長する財源案である。

　第二は、「介護離職ゼロ」実現と偽り「介護報酬引き下げ、介護保険はずし」を進める欺瞞性である。「活躍プラン」は、介護人材育成のため介護士の月額賃金を平均１万円引き上げるとし、「骨太の方針」も「介護人材の処遇改善」「人材の確保と人材育成」「安心・快適に働ける環境の整備」に取り組むという。しかし、安倍政権は2015年度に介護報酬を平均2.27％引き下げた。介護報酬全体の引き下げは、介護事業所の運営を圧迫し賃金抑制に繋がる。また**図6-7**のように2015年度より要支援１、２の「訪問介護」「通所介護」を介護保険給付からはずし、「福祉用具サービス」も保険給付から外そうと計画している。このままでは、要支援１、２の被保険者は保険給付全体の「３分の２」を失うことになる。特養入所も要介護３以上に制限された。2017年度にも、サービス利用の自己負担２〜３割化と負担上限額引き上げ等を計画している。

　さらに安倍政権は、介護、医療公費負担の「総合的」削減計画を実行中である。2014年に成立した「医療・介護総合確保法」は、医療提供体制を「病院完

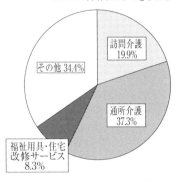

図6-7 「要支援1、2 介護サービスの保険はずし」状況

出所：厚労省「介護保険事業状況報告」2014年度年報より筆者作成

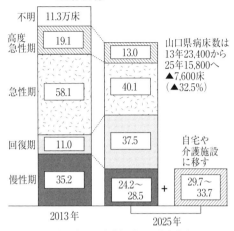

図6-8 「病床20万削減、自宅へ30万誘導」政府目標

出所：内閣官房専門調査会推計より筆者作成

結型」から「地域完結型」へ転換するとしている。具体的には、都道府県が医療機能ごとの病床の必要量を示す「地域医療構想」を策定し、多すぎる病床、長すぎる入院期間の削減・短縮を、医療機関に対し診療報酬の差別化もテコにして、「命令」するとしている。**図6-8**は、内閣官房専門調査会が策定した「病床削減」政府目標を示す。ここでは2025年までに病床を20万床削減し自宅や介護施設へ30万人誘導するとしている。安倍首相の地元、山口県は2万3400床から1万5800床へ7600床、32.5％の削減計画である。これら無謀な介護、医療給付の削減は、福祉現場の大混乱といっそうの自己負担、家族負担、介護離職増大につながるだろう。

「活躍プラン」「骨太の方針」は、このような社会保障削減を「社会保障基盤の強化」「効果的サービスの効率的提供」と強弁する。しかし事実は異なる。**図6-9**は、先進7ヵ国の「高齢化率と社会保障支出の相関関係」を示す。日本は「高齢化率26％（第1位）」にもかかわらず「社会保障支出・対GDP比23％（第5位）」である。日本の社会保障支出は、ドイツに比べ対GDP比2.8％（14兆円／年）、フランスに比べ8.9％（44.5兆円／年）過少である。この脆弱な社会保障支出の「高齢化に伴う自然増」が**図6-10**のように過去5年間に毎年平均3000億円も削減された事実は、アベノミクス「安心につながる社会保障」の欺瞞性を象徴している。

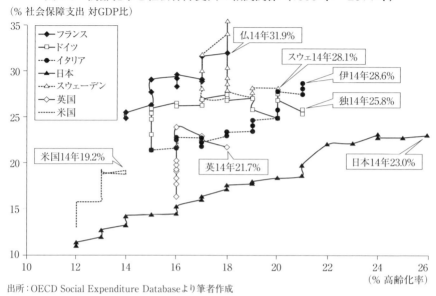

図6-9 高齢化率と社会保障支出の相関関係（1990年～2014年）

出所：OECD Social Expenditure Databaseより筆者作成

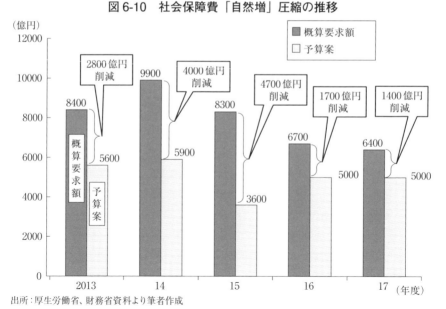

図6-10 社会保障費「自然増」圧縮の推移

出所：厚生労働省、財務省資料より筆者作成

２、「欺瞞性」の原因。株価・株主資本主義の台頭

(１) 株価・株主資本主義の現状

　アベノミクス「成長戦略」の欺瞞性、「働き方改革」「社会保障改革」と偽る労働規制緩和、社会保障削減強行は、労働コスト削減、社会保障コスト削減による大企業減税と市場創出など広義においては、大企業優先経済を原因とする。しかし、日本的企業社会の中核である大企業正社員の賃金、雇用にまで切り込んでいること、後述のように内部留保の単純な積み増しを否定すること等から、大企業優先経済の新しい性格、投機家利益を最優先する「株価・株主資本主義」とも呼ぶべき変化がこの欺瞞性を激化させている。高株価・高配当への期待が「企業の稼ぐ力」を高める「成長戦略」の原動力となっている。

　図６-11は、2016年度に資本金10億円以上の大企業が過去最高、42.4兆円もの経常利益を得たことを示している。そして法人実効税率が急速に低下し、利

図6-11　資本金10億円以上大企業の経常利益、剰余金、現金預金、投資向け資産、有形固定資産および法人実効税率の推移

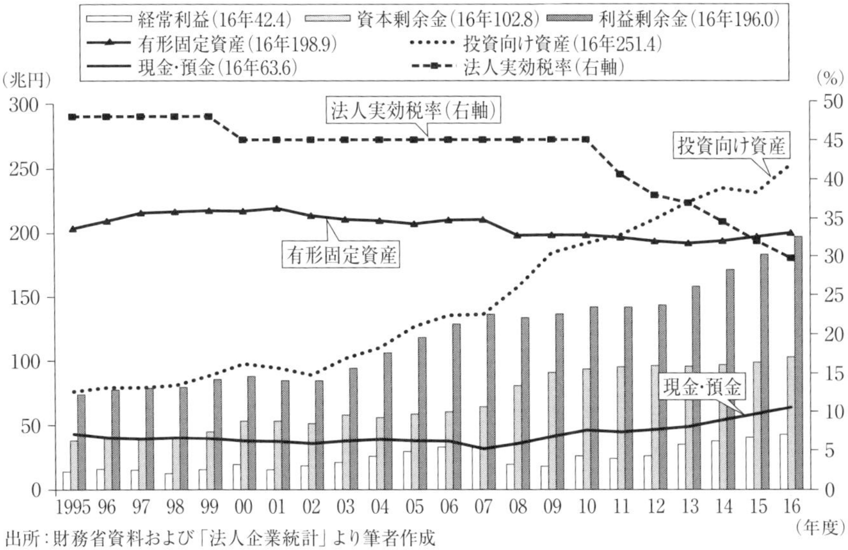

出所：財務省資料および「法人企業統計」より筆者作成

益剰余金（本業利益の蓄積）が196.0兆円、資本剰余金（金融取引利益の蓄積）が102.8兆円まで増加しているにもかかわらず、設備投資実績を表す有形固定資産は漸減、横ばいであり、かわりに02年ころから有価証券保有・「投資向け資産」が251.4兆円まで急増している。さらに今一度、第２章図２－９（36頁）を参照してほしい。この図はさらなる大企業経営の性格の変化について示している。1997年度との比較で2016年度に、経常利益は2.81倍、利益剰余金は2.49倍、資本剰余金は2.55倍に増加している。他方で従業員給与は0.94倍に減少している。そして重大な事実は、アベノミクスの下で株主配当（配当金計）が経常利益や剰余金の伸びをはるかに上回る5.08倍に急増していることである。

（２）株主構成の変化

　従来、日本的企業社会において大企業の株式は、その７割が企業集団ごとのメインバンク、傘下の保険会社、系列企業により相互「持ち合い」所有されていた。同一の企業集団内での株式「持ち合い」は相互に高い株主配当を支払う誘因を弱め、互いの株主でもある系列法人企業そのものを自己目的的に成長させる内部留保増大を促してきた。

　しかし、平成バブルの崩壊と長期不況下の不良債権処理による株価低迷は、これら「持ち合い株」の売却と新たな支配構造、株主構成の変化を生み出した[4]。図６-12は、95年から2015年まで20年間の日本の株式市場において、外国法人の株式保有比率が29.8％（約３倍化）、信託銀行の株式保有比率が18.8％（約２倍弱）へ増加したことを示している。そしてこの信託銀行保有の大半が2000年以降に新たに台頭した三つの「資産管理特化型信託銀行」、「日本マスタートラスト信託銀行（三菱UFJフィナンシャルグループ46.5％出資）」「日本トラスティ・サービス信託銀行（三井住友フィナンシャルグループ66.6％出資）」「資産管理サービス信託銀行（みずほフィナンシャルグループ54％出資）」によるものである。外国法人と三大信託銀行は、世界中の大企業、富裕層の資金を受託、運用している。そこでは株式「持ち合い」所有時代の自己目的的な内部留保増大ではなく、株主である大企業、富裕層への最大限の高配当、高株価が要求される。図６-13は、「経団連役員企業16社の十大株主」において、三大信託銀行と外国資本の持株比率が７割を超えることを示している。また図６-13は、三大信託銀行の出資母体である「三菱UFJフィナンシャルグループ、

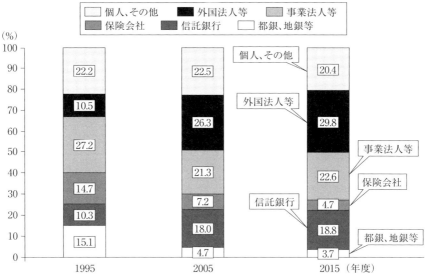

図6-12 日本の株式市場における投資部門別株式保有比率の推移

出所：日本取引所グループ「株式分布状況調査」より筆者作成

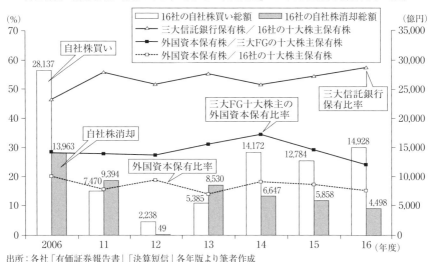

図6-13 持株比率の推移

「経団連役員企業16社の十大株主」における三大信託銀行持株比率、外国資本持株比率、自社株買い消却総額の推移および「三大FGの十大株主」における外国資本持株比率の推移

出所：各社「有価証券報告書」「決算短信」各年版より筆者作成

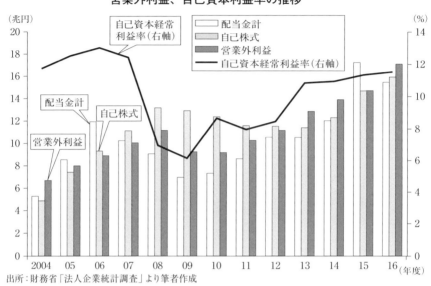

図6-14 資本金10億円以上大企業の株式配当、自社株買い、営業外利益、自己資本利益率の推移

出所:財務省「法人企業統計調査」より筆者作成

三井住友フィナンシャルグループ、みずほフィナンシャルグループ(三大FG)の十大株主」において、外国資本の持株比率が3割近いことを示す。米国系金融機関等、外国資本は、日本の大企業に対し「大株主として」「大株主・三大信託銀行への委託・出資者として」「大株主・三大信託銀行出資母体の大株主として」、3つのルートから支配権を行使している。

(3) ROE最優先経営

　株主構成における三大資産管理特化型信託銀行と外国資本の台頭は、大企業経営を株価・株主最優先に転換させ、安倍政権もその転換を「成長戦略」の要として推進している。

　「日本再興戦略2013」(2013年6月14日閣議決定)は、株主「外部視点で企業を監督する社外取締役の導入促進(15年5月会社法改正施行)」、「信託銀行など機関投資家が企業に高株価、高配当等の投資リターンの拡大を促す『受託者責任指針』・スチュワードシップ・コードの策定促進(14年2月金融庁策定・発表)」を提起した。次いで「日本再興戦略2014」(14年6月24日閣議決定)は、

第6章　アベノミクス成長戦略の欺瞞性

「株主主権、株式持ち合いの解消を原則とする『企業統治指針』・コーポレートガバナンス・コード」の策定促進（15年6月東京証券取引所「上場規則」として施行）」を提起した。そして「コーポレートガバナンスの強化により経営者のマインドを変革し、グローバル水準のROEの達成等を一つの目安に、グローバル競争に打ち勝つ攻めの経営判断を後押しする仕組みを強化する」ことを強調した。このROE（自己資本利益率）とは、「当期純利益（分子）」÷「払込資本＋内部留保（分母）」であり、米国において機関投資家が最重要視する、株主のための短期的株式投資・資本効率の尺度である[5]。

　株価・株主資本主義の下で大企業経営者はこのROEを引き上げるために、「分子を増やすリストラ、賃下げ、雇用の非正規化、下請叩き、法人減税の強要」を行い、また「分母・内部留保圧縮のための株主高配当」を実施する。**図6-14**は、資本金10億円以上大企業の株式配当が15.5兆円に急増したこと、同時にROE（自己資本経常利益率）も11.5％に達したことを示す。また「分母・内部留保の圧縮」を通じたROE引き上げの手段として、内部留保取り崩し資金による自己株式の取得（自社株買い）とその消却が挙げられる[6]。自社株買いとその消却は、1株当たりの利益を増やし、市場に流通する株式数を減らすことで、株価を上昇させる効果もある。**図6-14**は、資本金10億円以上大企業の「自己株式」取得・所有が商法で認められた04年以降増大しつづけ16兆円に達したことを示す。また**図6-13**も、経団連役員企業16社の自社株買いが13年以降再び増加に転じ、毎年平均1.3兆円規模の自社株買い、0.6兆円の自社株消却も行われたことを示す。日本の大企業の内部留保は、労働者に還元される前に、配当と自社株買い・消却を通じ株主に還元されつつある。

3、アベノミクス「欺瞞性」の限界

（1）露骨な株価「買い支え」政策

　株主構成の変化と「株価・株主資本主義」とも呼ぶべき大企業経営の変化に対し、安倍政権は、「国民生活向上・成長への幻想」を「株価上昇」として演出することで応え、欺瞞的な「成長戦略」策定に加え、市場を欺く露骨な株価対策で買い支えてきた。

図6-15 海外投資家、GPIF国内株式買越額、日銀ETF買入額

凡例：
- 海外投資家国内株式買越額
- 日銀ETF買入額
- GPIF株式買入額

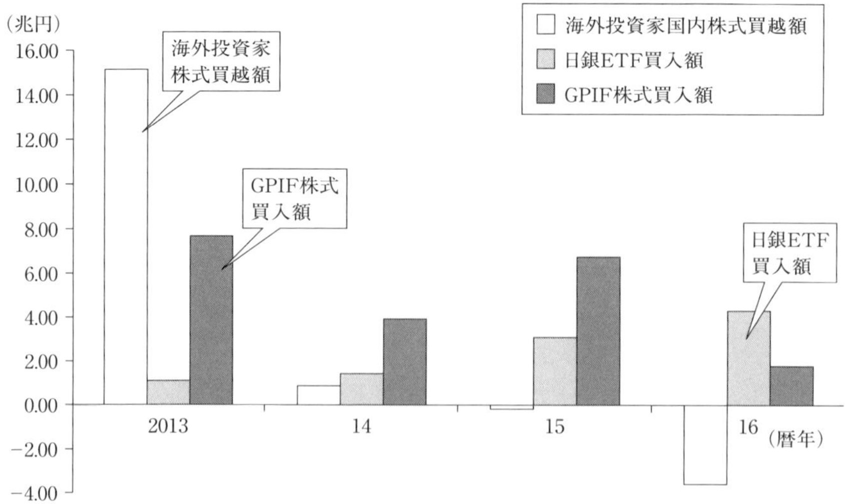

出所：日本取引所グループ「投資部門別売買状況」
日本銀行「営業毎旬報告」、GPIF「運用状況」より筆者作成

　その第一は、日銀の「追加緩和策」による「ETF（上場投資信託）」買入れの倍増である。日銀は16年7月の「政策決定会合」においてETF買い入れ額を年6兆円に倍増することを決定した。ETFは、証券会社が株式で運用する投資信託に、投資家が出資（ETF受益証券購入）して配当を受ける投資信託商品である。ETFの購入は多数銘柄の株式一括購入を意味する。日銀は、13年1月から16年12月末までに、9.7兆円のETFを買い入れている。

　第二は、年金積立金管理運用独立行政法人（GPIF）による株式運用の拡大である。安倍政権は、14年10月以降、130兆円に上る年金積立金の運用資産構成における株式の割合を24％から50％へ倍増した。この結果、30兆円超の年金資産が国内株式市場に流入し日本株を買い支えている。図6-15は、「異次元の金融緩和」の下で、海外投資家が日本株の「買い越し」から「売り越し」に転じ、かわりに日銀とGPIFが買い支える実態を示している。

（2）株価「買い支え」政策の限界と露呈する矛盾

　この「高株価＝高成長」の欺瞞的演出、株価買い支え政策は限界と矛盾に陥

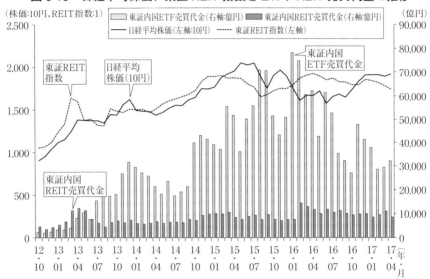

図6-16 日経平均株価、東証REIT指数とETF、REIT売買代金の推移

出所：日経平均プロフィル、東京証券取引所資料より筆者作成

っている。図6-16は、2015年後半頃から、GPIFの買い支えにもかかわらず株価が下落に、日銀の買い入れにもかかわらずETF取引が縮小に、転じたことを示している。この限界と同時に「異次元の金融緩和」「政府、日銀の株価買い支え」は、地方銀行・信金の利ざや消滅、年金資産の減少、米欧との金利差拡大による国債、円通貨急落リスク膨張など深刻な矛盾に陥っている。また第5章図5-19（109頁）は、全国114の民間銀行、100の信用金庫が「異次元の金融緩和」「マイナス金利政策」により総資金利ざやの低迷に陥り、「金利が下がり過ぎて貸せない」（流動性の罠）実態を示す。

またいずれ不可避となる「異次元の金融緩和」策縮小、金利引き上げに向けた「出口戦略」への転換も国債価格急落・金利急上昇による財政危機、歳出削減と庶民増税による大不況への転落という事態を招くこととなる。

4、「株主資本主義」の本質。『資本論』第三部「バブルの論理」と「株式資本」論

「真逆の言葉で偽った反国民的政策実行」というアベノミクスの欺瞞性は、

大企業優先政策に、特に「株価・株主資本主義」というべき投機家優先の経済構造にその原因があった。そして株価上昇に依存した投機家のための「株価・株主資本主義」の本質は、株主利益という投機家利益の自己目的化にある。

　このような、実体経済と切り離された利子、配当の追求という架空資本の運動法則を解明し、その本質が「資本の物神性」支配という矛盾にあることを解明したのは『資本論』である。さらに株式資本も含めた「資本の過多」と「過剰生産」との相互促進のメカニズムを解明した『資本論』第三部の「バブルの理論」は、現代の「株価・株主資本主義」、株式バブル誘導政策を解明するうえで重要な「導きの糸」になる。もちろん19世紀と今日の資本主義とは、金融や投機の果たす規模や役割も大きく異なる。しかし、根底に貫く経済法則の解明はマルクスの叙述を「導きの糸」とすることで可能となる。

　株式資本は、その本性として、株式利益の自己目的的追求がその源泉である資本賃労働関係を疎外するという「資本の物神性」を帯びる。この「資本の物神性」こそ、「国民生活向上・成長への幻想」を「株価上昇」として演出するために国民経済を停滞させる「成長戦略」を強行する矛盾、欺瞞性の本質である。この「資本の物神性」は、経済が「現実の需要」に基づく成長軌道から外れ、信用の膨張による「架空の需要」に沿って拡大する「バブルの論理」「恐慌の運動」の中で、産業資本家、商人、銀行を支配するメカニズムとして把握することで、全面的に理解できる。以下に本章は、『資本論』第三部の「商業資本」「利子生み資本」「株式資本」という重層的な信用論の展開に沿って、マルクスの「バブルの論理」「恐慌の運動論」を解明する。そして株式「バブルの論理」、株式「資本の物神性」が商業信用、銀行信用を上回る歪み、矛盾、欺瞞を国民経済にもたらすことを示す。

（1）商業信用による「流通過程の短縮」、「架空の需要」の発生。
　　　バブルの萌芽

　マルクスは、産業資本家が商品W′を最終消費者でなく卸売商人に売ってしまえば、商品W′は「まだ使用価値として消費に……はいり込んではいない」にもかかわらず、「変態の過程が短縮され」、産業資本の生産過程は続行されるとする（⑨467頁）。
　本来、産業資本家は最終消費者の「現実の需要」によるW′の購買・消費によ

り現金支払G′を得た後、次の「生産手段と労働力」Wを購入する（図6-17）。しかしここで、先に商人が産業資本家に商業手形を振り出し商品W′を買い取れば（「架空の需要」の発生）、産業資本家は商業手形の決済・現金化を予定し、最

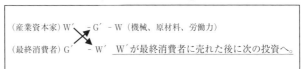

図6-17 「流通過程の短縮」がない場合

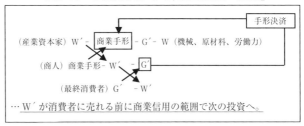

図6-18 商業信用による「流通過程の短縮」

終消費者の「現実の需要」による購買・消費を待たず、「生産手段と労働力」Wの購入（「流通過程の短縮」）を行うのである（図6-18）。ここで「架空の需要」は、商業手形の約定期日までに「商品W′が最終消費されるだろうとの商人の思惑」だけ一段階、「現実の需要」から乖離することになる。

（2）近代的信用制度（銀行信用）の下での「流通の短縮」と「架空の需要」の膨脹

　近代的信用制度の下、商人が産業資本家からW′を購入し商業手形で支払うと、産業資本家は銀行に約定期日前の商業手形を「割引」（買い取り）してもらい現金G′を得て次の生産のための「生産手段＋労働力」Wを購入する。商人は産業資本家から買ったW′を売りきる前に、「再生産過程の巨大な弾力性」により、産業資本家から次のW′購入、商業手形支払いを繰り返す。銀行は商業手形割引で得られる利子収入を期待し、産業資本家が商人から受け取った商業手形の割引（買い取り）を繰り返す（⑨514頁）。この商業信用（商業手形支払）と銀行信用（商業手形割引）の結合が「架空の需要」のバブル的膨張を形成する（図6-19）。ここで「架空の需要」は「商品W′が最終消費されるだろうとの商人の思惑」「商業手形割引で利子が得られるだろうとの銀行の思惑」の二段階、「現実の需要」から乖離し、その軌道に沿った過剰生産が恐慌を準備する。

（３）膨張した「架空の需要」の「現実の需要」への暴力的均衡化

　マルクスは、「架空の需要」の膨脹が「現実の需要」にまで恐慌により暴力的に均衡化させられる過程を説明する。在庫の山を抱える商人は貨幣還流のないうちに銀行に支払いを迫られ、また諸商品の転売が行われないうちに商業手形が満期になり、投げ売り、価格崩落で「外見的な繁栄に一挙に結末をつける」（⑨516頁）。商人と銀行が最初に危機に陥る。

（４）銀行信用を通じた貨幣資本の集積による「資本の過多」と過剰
　　　生産との相互促進

　マルクスは、銀行信用を通じて、産業・商業資本家の得た剰余価値・利潤、貨幣資本家の得た利子・配当、様々な階級の「全ての収入」が合わさった「貨幣資本の蓄積」が現れると指摘する（⑪869-73頁）。ここで重要なことは、剰余価値のうち蓄積に回らず将来消費に向かうような「産業資本の現実の蓄積とは本質的に異なる一契機がはいってくる」ことで、現実の蓄積と乖離した「資本の過多」が発生することである（⑪873頁）。

　そして「資本の過多」は、銀行を通じて再生産過程を「資本主義的諸制限を超えて駆り立て」、「過剰取引、過剰生産、過剰信用が発展」する（⑪877頁）。ここで「架空の需要」は「商品W′が最終消費されるだろうとの商人の思惑」「商業手形割引で利子が得られるだろうとの銀行の思惑」「銀行に貸し付けることで利子が得られるだろうとの『資本の過多』の所有者の思惑」の三段階、「現実の需要」から乖離し、その軌道に沿った過剰生産が恐慌を準備する（図6-19）。つまり資本主義的再生産過程自体が「近代的信用制度」を用いて現実の資本蓄積以上の「資本の過多」を生みだし、それが商業信用と銀行信用の拡大による「架空の需要」を膨張させ「過剰取引」「過剰生産」を生みだす。その結果、さらなる「資本の過多」が形成される。この「資本の過多」と「過剰生産」との相互促進が、マルクスの構想するバブルの形成と崩壊、金融危機と結合した過剰生産恐慌のメカニズムである[7]。

（５）商業信用、銀行信用、株式資本の結合による「流通過程の短縮」

　ここで「架空の需要の膨張」「流通過程の短縮」「過剰生産」を生み出す「資

本の過多」が「株式資本」によって担われると、「バブルの論理」は株主・投機家主導の「株式バブルの論理」に転化し、再生産過程全体に独特の歪み、矛盾、欺瞞性を植え付ける。

「株式バブルの論理」とは、「架空の需要」が「商品が最終消費されるだろう

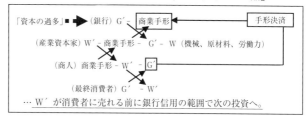

図6-19　銀行信用による「流通過程の短縮」

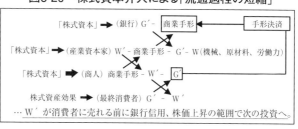

図6-20　株式資本介入による「流通過程の短縮」

との商人の思惑」「商業手形割引で利子が得られるだろうとの銀行の思惑」に、産業資本、商人、銀行、富裕層「最終消費者」の全てを覆う「株式購入で配当が得られ、株価が上昇するだろうとの株主の思惑」を加え、「現実の需要」から三段階「決定的に」乖離することである（図6-20）。

最初に、マルクス『資本論』における「株式資本」論、その要点を3点に整理する。

第一にマルクスは、株式会社の成立が経営を担う機能資本家を「単なる管理人」に、資本所有者を「単なる所有者」に分離する（「所有と経営の分離」）とした（⑩757頁）。

第二にマルクスは、「一定の規則的な貨幣収入がすべて資本の利子として現われる」と述べ、一定の貨幣収入（利子・配当）を生み出す資産が「架空資本」としての「元本」価格を与えられ取引されるとする（架空資本の成立）。つまり「元本×市場利子率＝利子・配当」の関係は、「利子・配当」収入が存在すると、「元本＝利子・配当÷市場利子率」として元本価格、利子・配当を生む「架空の」資本価格を逆算、「資本還元」する（⑪802-803頁）。

第三にマルクスは、「所有と経営の分離」「架空資本の成立」が株主に「現実的価値増殖過程とのいっさいの連関は最後の痕跡にいたるまで消えうせ、資本

とは自己自身で自己を増殖する自動装置であるという観念」「資本の物神性」を植え付ける（⑪807頁）と結論する。

次に、以上のマルクスによる「株式資本」論の展開から、今日の株主資本主義における投機家と資本の関係を考察すると、次の２点が明らかになる。

第一に、株主は、高配当、高株価、高ROEへの「思惑」から再生産過程に株式投資、「架空の需要」増大をもたらし、同時に高配当、高株価、高ROEへの「思惑」から再生産過程にリストラ、賃下げ、税逃れ等「現実の需要」減少をもたらすことになる。

そして第二に、高株価はさらなる「資本の過多（社会全体の余剰資金）」を再生産過程に注ぎ込み、さらなる高株価を生む。この「高株価と資本の過多の相互促進」は「資本の過多と過剰生産との相互促進」と合成して、「高株価、資本の過多、過剰生産、三者の相互促進」となり、「架空の需要」と「現実の需要」との乖離はいっそう深刻となる。

この「株主の思惑」が生み出す「決定的な（架空、現実、両面に作用する）」「架空の需要」と「現実の需要」との乖離拡大、一握りの大企業、富裕層「大株主」を優先し大多数の労働者・国民を犠牲にする歪み、矛盾こそ「株式バブルの欺瞞性」の本質である。

これまで本稿は、「真逆の言葉で偽った反国民的政策実行」というアベノミクスの欺瞞性、その原因である「少数の大株主の株式利益のため多数の多様な利益を犠牲にする」「株価・株主資本主義」の矛盾、その「株価・株主資本主義」の本質である「株式バブルに依存した資本主義経済における株主利益の自己目的化、資本の物神性拡大」を明らかにしてきた。

本来、株式取引・投資の「目的は資本賃労働関係の円滑な運動」であり、その「手段が株式取引・投資」による資金供給である。しかし、「資本とは自己自身で自己を増殖する自動装置」と意識される「資本の物神性」の下、目的と手段は転倒する。「目的が株式取引・投資、投機家の株式利益追求」となり、「手段としての資本賃労働関係」を株式利益最優先に歪める。「本来の目的」から生まれでた「手段」が主客転倒し、「本来の目的」と対立する疎外に至る。この転倒、疎外を正すために、「株式取引・投資」は「公共の目的」の「手段」の位置に引き戻されなければならない。日本の有価証券税制は税率20%に過ぎ

ず、36.7％の米国（ニューヨーク）と比べても、株主優遇に過ぎる。まずは、大企業・富裕層、投機家への適切な課税、応能負担をもって労働者保護や社会保障充実、地域・地場産業育成の「手段」となすべきであろう。

注
（１）本稿の定義するマルクス「株式資本」論とは、①『資本論』第３部第５篇第27章における「株式会社制度成立による『所有と経営の分離』」論、②同第29章において利子・配当から逆算・還元される「架空資本の成立」論、③同じく株式・架空資本の生む利子配当が自己目的化し、その源泉・利潤を生む賃労働が疎外される「資本の物神性」論である。
（２）アベノミクスへの期待、「アベノミクス幻想」が「株価上昇」に基づくことは、二宮厚美「破局に直面するアベノミクスの第２ステージ」（『経済』2016年１月号）を参照。
（３）2017年３月22日参議院厚生労働委員会での日本共産党小池晃議員質問に対する厚労省山越敬一労働基準局長答弁による。
（４）日本企業の株主構成変化と経営の「株価・株主資本主義」的変化および外国資本の支配拡大については、藤田宏「日本企業の株主構成の変化と財界の蓄積戦略の新段階」（『経済』2014年３月号）を参照。
（５）「日本再興戦略」のスチュワードシップ・コード、コーポレートガバナンス・コード推進目的とROE最優先経営の具体的手法については、島田雄大「コーポレートガバナンス改革――投機資本の『稼ぐ力』を強くするアベノミクス」（『経済』2016年７月号）を参照。
（６）自己株式取得（自社株買い）は、「株発行で得た資本金の払い戻し」を意味し、会計ルール上、「マイナスの資産」として計上され、ROE向上（分母「自己資本」圧縮）となる。
（７）不破哲三氏は、ここでの残された問題として「『資本の過多』が、どのようにして、資本主義的諸限界を超えて生産過程を拡大する力として働くのか」を挙げる（不破哲三『マルクスと「資本論」②』270頁）。本稿は、株式資本がもつ「資本の物神性」（剰余価値生産の源泉を意識せず株主利益のみを自己目的的に追求する性格）が産業資本家、商人、銀行を全面的に支配する「株式バブルの論理」にこの問題を解く鍵があるように考える。

第7章　リーマン・ショック
──最も発達した「バブルの論理」

　2008年9月の米国系投資銀行リーマン・ブラザーズ倒産に象徴される金融危機は、欧州をはじめとする世界的経済危機に波及し今日なお予断を許さない。そして今回の金融危機、経済危機に適切に対応するためには、危機の原因をその「新しい特徴」と「変わらぬ本質」とに分析し理解することが必要である。

　本章は第一に、2000年代半ばの金融バブルが2000年代初め、ITバブル崩壊後の実体経済の危機の中から生み出された関係を明らかにする。

　第二に、新自由主義的景気対策として開発された「新型金融派生商品の組成、販売」が、その原債権として労働者・家計への略奪的な貸付拡大、家計債務増大を促し、結果として住宅・資産価格高騰を通じた個人消費・「架空の需要」を増大させ新型のバブル的好況を生み出した、その「新しい特徴」を明らかにする。

　第三に、この新型金融バブルが資産価格高騰をテコに個人消費・「架空の需要」を増大させ「生産と消費の対立」を一時的に緩和させるものの、家計債務増大・破綻、資産価格暴落を通じ「生産と消費の矛盾」の激化、過剰生産恐慌という「変わらぬ本質」に帰着することを明らかにする。

　第四に、新型金融派生商品組成という信用手段の発達が、一方で家計への貸付・「架空の需要」に基づくバブルの形成を推し進め、他方で低賃金と家計債務増大という「現実の需要の制限」「生産と消費の矛盾」・恐慌へ行き着くことをマルクス『資本論』第二部第一草稿『資本の流通過程』に立ち返り明らかにする。このリーマン・ショックは、『資本論』「バブルの論理」から分析することで、史上最高に発達した「架空の需要」膨張システムであることを理解できる。

第7章 リーマン・ショック

1、ITバブル崩壊、2001年不況と住宅関連バブル

(1) IT革命後最初の不況としての2001年不況

　リーマン・ショックに象徴される今回の金融危機は、理論的にも歴史的にも前提となる実体経済の危機と切り離して理解することはできない。2000年代半ば〜後半においていかに金融的膨張と崩壊の規模が大きかったとしても、それは短期的には2000年代初め、中長期的には管理通貨制移行後の全般的な過剰生産恐慌の危機に対する新自由主義的景気対策の中から生み出されたものだからである[1]。1990年代のIT革命、さらに90年代末のIT関連企業における株式バブル（ITバブル）の中心地として成長した米国経済は、2001年頃には実体経済の落ち込みが顕著となった。毎四半期4〜7％成長をつづけた個人消費は2001年ころには1〜2％台にまで落ち込み、80％台を維持していた製造業設備稼働率も2001年第4四半期には71.6％に急減した（**図7-1**）。また90年代後半

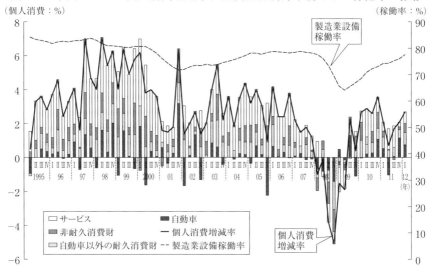

図7-1　米国における個人消費増減率、主要品目別寄与度および稼働率の推移

出所：U.S. Department of Commerce, Breau of Economic Analysis, National Income and Product Accounts, FRB, Industrial Production and Capacity Utilization Tableより筆者作成

図7-2 米国における工業生産額増減率、および自動車生産台数の推移

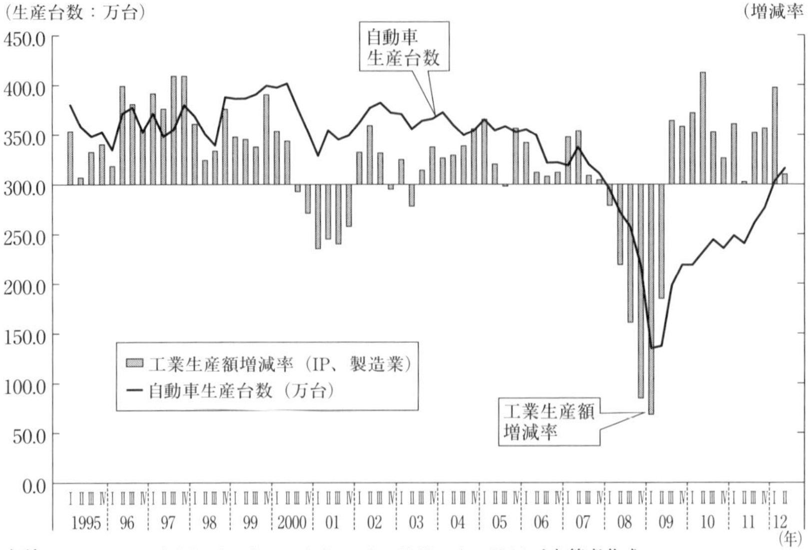

(生産台数:万台) (増減率:%)

凡例:
- 工業生産額増減率（IP、製造業）
- 自動車生産台数（万台）

出所：FRB, Industrial Production and Capacity Utilization Tableより筆者作成

から常にプラス成長であった工業生産額（IP）も2001年頃にはマイナス成長に転じ、1999年末〜2000年初めに毎四半期400万台に上った自動車生産台数も2001年第3四半期には344万台にまで減少した（**図7-2**）。

(2) 新自由主義的景気対策。新型金融派生商品開発による持ち家政策推進

このITバブル崩壊、2001年不況に直面し、米国のブッシュ政権は、新自由主義的景気対策・金融緩和策を次の三つの柱で展開していく。第一に、米国連邦準備制度FRBは「超金融緩和政策」として政策誘導目標としている短期銀行間無担保融資金利・FF金利を2001年中に11回、6.5％から1.75％にまで連続して引き下げた。また03年にはFF金利を0.1％にまで引き下げ、住宅ローン平均金利は過去30年で最低の5.8％に低下した。第二に、このような歴史的低金利も利用して大規模な「持ち家政策」が展開された。2002年6月にブッシュ政権は人種間の不均衡・格差是正として「今世紀最初の10年が終わるまでにマイノリティーの住宅所有者を550万人追加するイニシアティブ」を発表した

(『2003米国経済白書』毎日新聞社週刊エコノミスト増刊、2003年6月9日、48-49頁)。第三に、ブッシュ政権はこの「持ち家政策」において、「住宅ローン業界に対してマイノリティ等の住宅所有促進のため、金融アクセスを改善する金融商品開発を要求」(鳥畑与一『「サブプライム」＝略奪的金融の実態』『経済』2008年8月号、45-46頁)し、新型の住宅ローン担保証券市場が急拡大する。その典型がGSE（政府支援企業）であるファニー・メイ（連邦住宅抵当金庫FNMA）とフレディマック（連邦住宅金融貸付公社FHLMC）である。両社は国内外で「暗黙の政府保証」があると理解され、その公的信用を背景に民間金融機関からの比較的信用のある住宅「適格ローン」買取とそれを担保として元利払保証を付けた住宅ローン担保証券発行を担ってきた。しかし2000年代には適格ローン以下のサブプライムローン債権も買い取って証券化し、両社で米国住宅ローン証券化の半分近くを担うことになった（井村喜代子『世界的金融危機の構図』勁草書房、2010年、75-77頁）。

　以上のように、2000年代半ば〜後半における金融バブルとその崩壊は前提となる実体経済の危機と結びついたものである。その上でこの金融バブルが、賃金の上昇もなしにどのように世界の消費センターとしての巨大な消費需要を生み出したのか、この新型の金融危機がなぜ従来と比較してより激発的な過剰生産恐慌を招いたのかを次に解明する。

2、米国「新型」住宅関連バブル。そのメカニズム

　今回の米国住宅関連バブルにおける最大の特徴は、住宅ローン債権を担保とした証券化商品およびその再証券化商品による重層的なバブルであることである。ここが金融機関による単純な不動産向け貸付バブルであった日本の平成バブルと根本的に異なる特徴である。

（1）住宅ローン貸付と原債権転売

　住宅ローン債権を担保とした証券化により、いかにバブルが発生したかを解明するため、図を使って詳しくその仕組みを見ていく。図7-3はこの証券化、再証券化の重層的バブル形成とその帰結を示した概念図である。住宅ローン専門会社・貸手は家計・借手に住宅ローンを貸付ける（図7-3①②）。この住宅

図7-3 アメリカにおける住宅関連バブルと個人消費増大

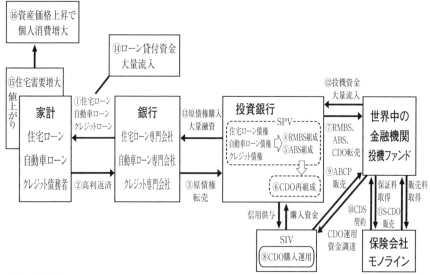

出所：筆者作成

　ローンの貸付条件は借手の信用力により異なるが、信用力の劣る借手に高金利で貸すのがサブプライムローンである。これは融資審査条件を通常より緩和し返済当初の優遇期間は低い固定金利や金利のみの返済を認める代わりに数年後に高い変動金利に切り替える、「所得による返済能力を無視した略奪的なローン」である（鳥畑2008、41頁）。住宅ローン専門会社は、この住宅ローン債権（原債権）を貸手責任において自ら管理するのでなく、投資銀行に売却し貸手責任・リスクを逃れる（図7-3③⑬）。このことは借手の返済能力を検討しない過剰融資の問題を引き起こす。しかし、原債権転売により住宅ローン専門会社は貸付けた住宅ローン債権をただちに回収・現金化したことになり、その資金をすぐさま次のローン貸付に転用する（図7-3①②）（毛利良一『アメリカ金融覇権終りの始まり』新日本出版社、2010年、45頁）。

（2）住宅ローン担保証券（RMBS）組成

　投資銀行は、傘下のSPV（投資目的事業体;Special Purpose Vehicle）を用いてローン債権を買い取り「その債権から生じる収入を裏付けに」（＝ローン債権を

図7-4 ローン債権の証券化(RMBS、ABS)および再証券化(CDO)の仕組み

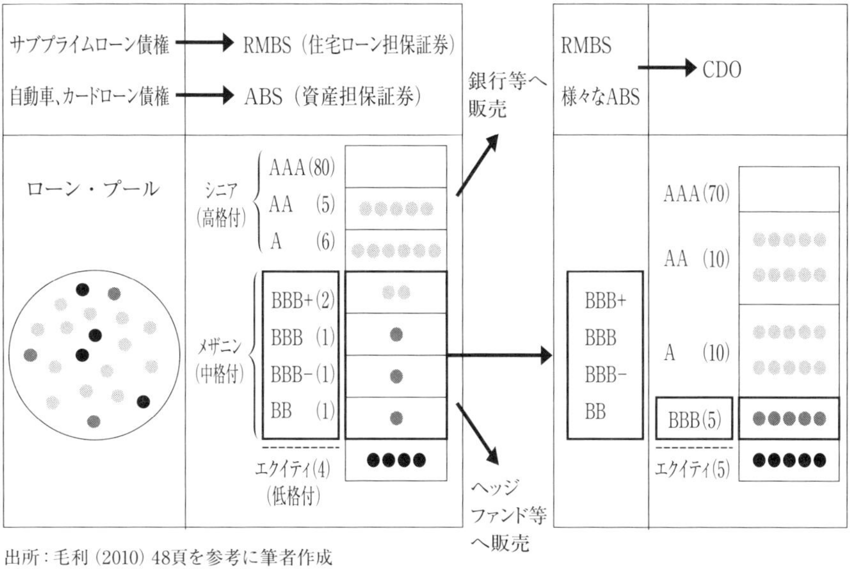

| サブプライムローン債権 | → | RMBS（住宅ローン担保証券） |
| 自動車、カードローン債権 | → | ABS（資産担保証券） |

ローン・プール	シニア（高格付）	AAA(80)
		AA (5)
		A (6)
	メザニン（中格付）	BBB+(2)
		BBB (1)
		BBB- (1)
		BB (1)
	エクイティ(4)（低格付）	

銀行等へ販売

RMBS、様々なABS → CDO

	AAA(70)
	AA (10)
	A (10)
BBB+ BBB BBB- BB	BBB(5)
	エクイティ(5)

ヘッジファンド等へ販売

出所：毛利（2010）48頁を参考に筆者作成

担保に）「多数の投資家の購入しやすい小口証券」RMBS（住宅ローン担保証券；Residential Mortgage-Backed Securities）を組成する（図7-3④）（井村2010、73頁）。

　図7-4左側はこの最初の証券化、RMBS組成のメカニズムを示している。サブプライムローンを含む大量の住宅ローン債権が投資銀行・SPVの下でローン・プール化される。このプールへの支払い全体に優先順位をつけ、利払い・償還が優先される代わりに低利回りの商品から利払い・償還が優先されない代わりに高利回りの商品まで幅広い優先劣後債としてRMBSが組成される。図7-4左側において、単一のローン・プールから優先度の高い順にAAA格80％、AA格5％、A格6％のシニア債（低リスク債）、BBB〜BB格5％のメザニン債（中リスク債）、格付のないエクイティ債4％が組成されている（毛利2010、46‒47頁）。

　このRMBS・シニア債等は直ちに世界中の金融機関等に転売される（図7-3⑦）。図7-5は2005年時点で住宅ローン新規貸出額が8978億ドルにも達し、その82.4％が証券化されたことを示している。このようなローン債権証券化・

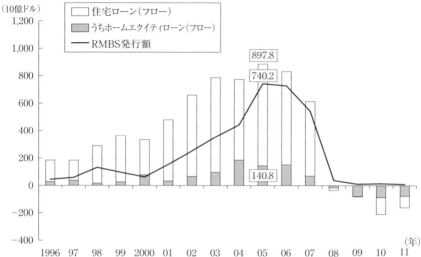

図7-5 住宅ローン、その証券化額およびホームエクイティローンの増減額推移

出所：FRB, Flow of Funds, The Securities Industry and Financial Markets Association（SIFMA）より筆者作成

　転売手法は第一に、転売先の多数の金融機関から膨大な資金を調達できるので（図7-3⑫）、ローン債権購入（図7-3⑬）という資金貸付・投資は直ちに回収・現金化されローン取扱額・収益を膨大化できる。第二に貸付・投資が直ちに証券化転売、回収・現金化されるので、貸付資産の圧縮を通じBIS（国際決済銀行）自己資本比率規制をすり抜けることができる。また第三にローン延滞・債務不履行（デフォルト）リスクを多数の投資家に移転、個々のリスクを軽微にし、またデフォルトが想定内であればローン・プール資金で証券化商品に影響を与えず処理できる（井村2010、74頁）。よってリスクが移転・分散されるがゆえにローン取扱額・収益を膨大化できる。

　この図7-4左側のRMBS組成の仕組みを応用して自動車ローン債権、カードローン債権等を担保にABS（資産担保証券；Asset-Backed securities）が発行されていった（図7-3⑤）。そしてRMBS組成と全く同じ論理でローン取扱額、その収益を膨大化していくのである。

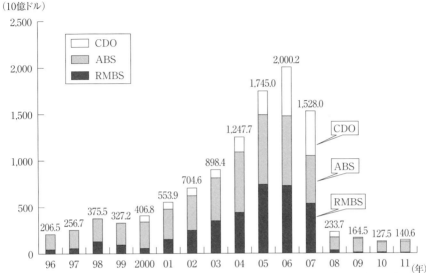

図7-6 証券化、再証券化商品発行額の推移

出所:The Securities Industry and Financial Markets Association (SIFMA) 資料より筆者作成

(3) 証券の再証券化、CDO組成

次に投資銀行は傘下SPVが組成したRMBSやABSの一部を集めて混ぜ合わせプール化し、それら原証券からの収入を裏付けに新しい証券、CDO（証券の再証券化商品:Collateralized Debt Obligation）を組成する（**図7-3⑥**）。**図7-4**右側はこの再証券化、CDO組成のメカニズムを示している。まず先程RMBSやABSを組成した際に生まれた「BBB～BB格5％のメザニン債」を集めて混ぜ合わせプール化する。次に最もハイリスクな「5％のエクイティ債」を「括りだすことにより他の部分の債務不履行率を下げ」、AAA格70％、AA格10％、A格10％、BBB格5％、格付なし5％の優先劣後債・CDOを組成する（毛利2010、47頁）。このようにリスクの異なる原証券を混ぜ合わせ、リスクのランク別トランシェ（小片）に切り分けて様々なランク別CDOを組成する。ここで重要なことはリスクを一部のトランシェに集中させる（**図7-4**エクイティ部分）ことで他の部分の多くがシニア債に格上げ・生まれ変わることである（井村2010、79、81頁）。「一部の不純物を沈殿させ浄化する手法」、「異

139

なる原証券を多数合成し同時にデフォルトする確率を下げる手法」、「リスクを多数の投資家に分散して移転する手法」、これらは「金融工学」と呼ばれRMBS、ABS、CDO等におけるリスク問題「解決」の共通の理論的根拠とされた。図7-6は2006年にRMBS、ABS、CDOの新規発行が2兆ドルを上回り10年で約10倍化したことを示している。

(4) 運用子会社SIVと資金調達手段ABCP

投資銀行はRMBS、ABS、CDO等を販売するだけでなく、自ら「証券化商品を運用する特別ファンド」(毛利2010、50頁)としてSIV(証券化商品運用事業体;Structured Investment Vehicle)を設立した。これによって投資銀行は、RMBS、ABS、CDO等のリスクを自らのバランス・シートから切り離し(オフバランス化)SIVに移転、投資銀行の運用実態を不透明にすると同時に、自己資本比率向上をはかった(図7-3⑧)。SIVはRMBS、ABS、CDO等を担保にABCP(資産担保コマーシャルペーパー;Asset-Backed Commercial Paper)を発行し大量の短期低金利資金を借り入れ(図7-3⑨)、より長期のRMBS、ABS、CDO等への投資を行う(井村2010、112頁)。SIVによる資産運用はわずかな自己資本でABCP借り換えによる他人資本借入に大きく依存した高レバレッジ投資の典型である。

(5) モノライン、CDS、S-CDO(Synthetic-CDO)

モノラインは証券化商品等、金融保証のみを扱う保険会社であり、債券やRMBS、ABS、CDO等の債務不履行リスクを引き受け、損失を肩代わりすることにして保険料を受け取る。このような金融保証がRMBS、ABS、CDO等に掛けられることでRMBS、ABS、CDO等の信用・格付が高まり、RMBS、ABS、CDO等に対する投資需要が高まり、これらへの金融保証需要が高まるという関係にあった(井村2010、116-117頁)。この金融保証サービスの供給は2000年代以降、一般保険会社や投資銀行によりCDS(証券リスク保証商品;Credit Default Swap)を用い大規模に展開される(図7-3⑩)。図7-7はCDSによる金融保証の仕組みを示している。CDSの取引期間は通常5年程度であり「金融機関(CDS買い手)」は「投資銀行(CDS参照企業)」から10億円のCDOを購入する際、「保険会社(CDS売り手)」と年保証料率2%の現物決

済型CDSを購入する。

CDS取引期間中、「投資銀行（CDS参照企業）」が破綻しなければ「金融機関（CDS買い手）」は「保険会社（CDS売り手）」に毎年2000万円（10億円×2％）の保証料を払い続ける。しかし、「投資銀行（CDS参照企業）」の破綻やCDOのデフォルトが発生した場合、「保険会社（CDS売り手）」は「金融機関（CDS買い手）」からCDOの引き取りを条件に元本10

図7-7　CDSの仕組みと役割

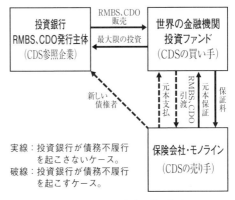

出所：毛利（2010）53頁を参考に筆者作成

億円を支払う義務が発生する。このように破綻、デフォルトが発生しない限り存在しないのに「保証料収入≒利子収入」を生む元本を「想定元本」と呼ぶ。図7-8は、04年に6.4兆ドルだったCDS想定元本が2007年末に58兆ドルに達したことを示している[2]。

図7-8　CDS想定元本額の推移

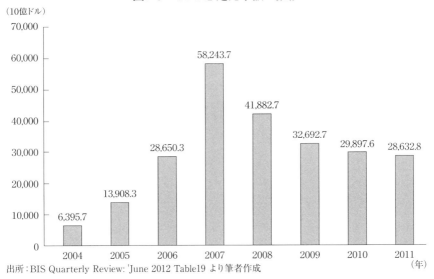

出所：BIS Quarterly Review: June 2012 Table19 より筆者作成

図 7-9　シンセティック CDO（S-CDO）の仕組み

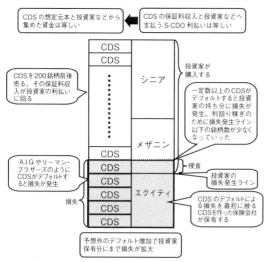

出所:『週刊ダイヤモンド』08 年 11 月 15 日号 58 頁より筆者作成

RMBS、ABS、CDO は金融派生商品（デリバティヴ）とは言え、組成するためには「原材料」としての原債権、原証券を購入する費用が必要である。しかし、CDS は「破綻、債務不履行」が発生しない限り保証料のみを受け取るきわめて架空性の高い取引である。そして「定期的な保証料収入」を裏付けに（担保に）さらなる派生証券 S-CDO が組成、販売される（図 7-3 ⑪）。図 7-9 は S-CDO の組成、販売と担保である CDS にデフォルトが発生した場合の影響を示している。「CDS の売り手」＝「S-CDO の組成機関・売り手」は 200 銘柄程度のリスク・保証料率の異なる CDS 契約を混ぜ合わせプール化し、ランク別のトランシェを切り優先劣後債 S-CDO を組成・販売する。「S-CDO の組成機関・売り手」は通常、S-CDO のエクイティ債部分を自己保有し、プール化された CDS のデフォルト発生時に備えた損失支払いプールとしている。しかし、デフォルト発生がこれを超過する場合は投資家の購入した S-CDO にもデフォルトが発生する[3]。

（6）「証券化商品」とリスク・ヘッジ手段との相互促進による実体経済への資金流入

　S-CDO は CDS のデフォルト・リスクを「移転、分散、減少」解決する手法として急拡大し、また CDS はその「原料」としてそれ本来の保険目的とは乖離して拡大していった（S-CDO が拡大するためには原料としての CDS が必要。CDS が拡大するためにはリスクを「解決する」S-CDO が必要）。この CDS の発達はあらゆるリスクを含む CDO 取引を「保証があるがゆえに」投資家・金融機

図7-10　米国における家計債務残高の推移

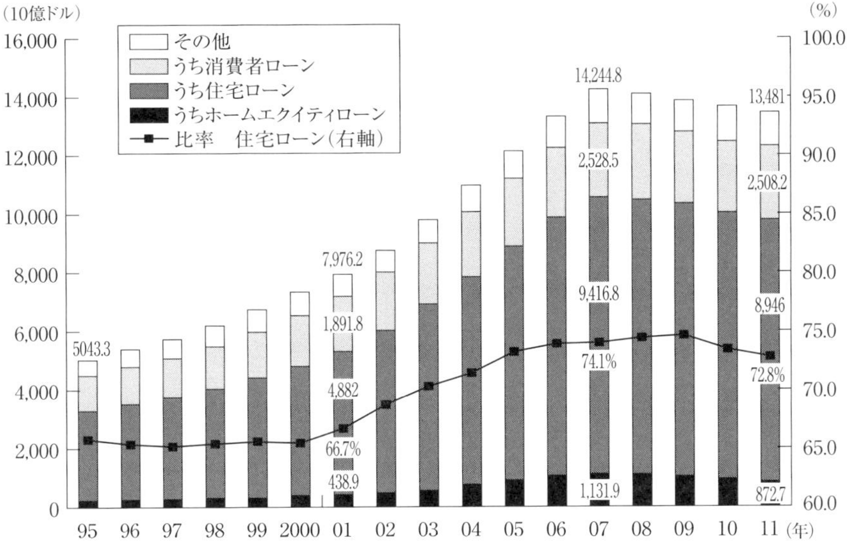

(10億ドル)　　　　　　　　　　　　　　　　　　　　　　　　　　　　　　(%)

凡例：
- その他
- うち消費者ローン
- うち住宅ローン
- うちホームエクイティローン
- 比率　住宅ローン（右軸）

主な数値：
- 1995年: 5,043.3
- 2001年: 7,976.2（うち住宅ローン 4,882、ホームエクイティ 438.9、比率 66.7%）
- 2007年: 14,244.8（うち消費者ローン 2,528.5、住宅ローン 9,416.8、ホームエクイティ 1,131.9、比率 74.1%）
- 2011年: 13,481（うち消費者ローン 2,508.2、住宅ローン 8,946、ホームエクイティ 872.7、比率 72.8%）

出所：FRB, Flow of Funds Accounts of United Statesより筆者作成

関の資金調達能力の限界まで高レバレッジを掛け拡大することになる（図7-3⑫、図7-7「最大限の投資」）（CDSが拡大するためには保証対象としてのCDOが必要。CDOが拡大するためにはリスクを「解決する」CDSが必要）。そして拡大するCDO需要を賄うために「原料」である大量のRMBS、ABSの組成が必要となった（CDOが拡大するためには原料としてのRMBS、ABSが必要。RMBS、ABSが拡大するためにはリスクを「解決する」CDOが必要）。投資銀行は大量のRMBSを新たに組成するため住宅ローン専門会社に融資を行い、住宅ローン債権を買い漁ることになる。また大量のABSを新たに組成するために自動車ローン専門会社、クレジットカードローン専門会社にも融資を行い、各種ローン債権を買い漁る（図7-3⑬）（RMBS、ABSが拡大するためには原料としてのローン債権が必要。ローン債権が拡大するためにはリスクを「解決する」RMBS、ABSが必要）。住宅ローン専門会社や各種ローン専門会社はRMBS、ABSの「原料」としてのローン債権を転売することのみを目的に、金融工学がリスクを「解決」していると称して、低信用のサブプライム層の家計であっても貸付を増やしローン債権を作り出していった（図7-3⑭）。図7-10は、2007年に

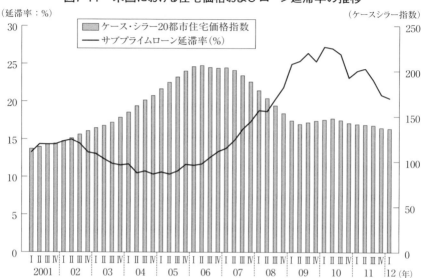

図7-11 米国における住宅価格およびローン延滞率の推移

出所：S&P Case-Shiller Home Price Indices 各年度版より筆者作成

米国の家計債務残高が14兆2448億ドル、そのうち住宅ローン残高が10兆5487億ドル、消費者ローン残高が2兆5285億ドルにも達したことを示している。このような貸付・実体経済への資金流入を可能にしたのは**図7-6**にある2000年以降9兆ドルにも上る証券化商品発行によるリスク「解決」に他ならなかった。

（7）住宅需要増大、資産価格上昇による家計債務増大、個人消費増大

　そしてサブプライム層を巻き込んだ住宅ローン供給の拡大は住宅需要を増大させ資産価格を上昇させる（**図7-3⑮**）。この「所得による返済能力を無視した略奪的なローン」であるサブプライム住宅ローンがローン契約として成り立つ理由は、資産価格が上昇しローン返済が滞っても担保物件を処分すれば返済できるからであった（住宅ローン債権が増大するためには資産価格上昇が必要。資産価格が上昇するためには住宅ローン債権増大が必要）。

　このように住宅・資産からS-CDOに至る重層的な住宅関連バブルにおける相互前提、相互促進の因果関係は住宅需要増大・資産価格高騰を絶対的な前提条件にしていたことがわかる。**図7-11**は、米国における住宅価格の推移を示

図7-12　住宅価格上昇によるキャッシュアウト・リファイナンス、ホーム・エクイティ・ローン

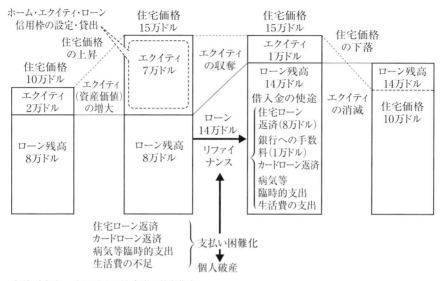

出所：鳥畑与一（2008）44頁を参考に筆者作成

しており（ケース・シラー 20：2000年を100として全米主要20都市における住宅販売価格の変動を表す指数）、07年までケース・シラー指数が200の近傍へ高騰したことを示している。

　そして住宅需要増大・資産価格高騰は、「資産価格上昇とローン残高との差額＝純資産価値・エクイティ」を担保とした家計債務増大による個人消費増大を実現した。**図7-12**は住宅価格上昇による「ホーム・エクイティ・ローン」「キャッシュアウト・リファイナンス」という家計債務増大、それによる個人消費増大の仕組みを示している。住宅価格が10万ドルから15万ドルに上昇しエクイティが2万ドルから7万ドルに増えた場合、このエクイティ部分を担保に信用枠を設定し貸出を受けることをホーム・エクイティ・ローンと呼ぶ。この貸出を利用しカードローン返済、病気等臨時的支出、生活費の補填に充てる。

　また住宅価格が10万ドルから15万ドルに上昇した場合に、今度はローンの借り換え（リファイナンス）を行い、エクイティ部分を現金化するのがキャッシュアウト・リファイナンス。**図7-12**では借り換えにより新たに14万ドルの貸出を受け、以前のローン残高8万ドルと借り換え手数料1万ドルを払った上で

表7-1　金利低下によるキャッシュアウト・リファイナンス

	借入金額	年利	返済期間	返済月額	返済年額	総返済額	利子総額
①当初借入・返済計画	200,000	6%	30年	1,199	14,388	431,640	231,640
②金利が1%下がり返済額を減らした場合	200,000	5%	30年	1,074	12,888	386,510	186,510
③金利が1%下がり返済額を据え置き繰上返済した場合	200,000	5%	約24年	1,199	14,388	345,312	145,312
④金利が1%下がり返済額を据え置いた場合	223,400	5%	30年	1,199	14,388	431,640	208,240

出所：筆者作成

残りの現金でカードローン返済、病気等臨時的支出、生活費の補填に充てる。

　表7-1は住宅ローン金利低下を利用したキャッシュアウト・リファイナンスである（相澤幸悦他『カジノ資本主義の克服』新日本出版社、2008年、20頁）。住宅ローン金利が下がると借り換えにより返済条件を変更し「月々の返済額を減額する（**表7-1②**）」か「返済期間を短縮・繰上返済する（**表7-1③**）」か選択できるはずだが、あえて月々の返済額も返済期間も変更せず「借入金額を増やし（**表7-1④**）」ローン残高との差額を現金化、消費に回すのである。

　キャッシュアウト・リファイナンスを含むホーム・エクイティ・ローンは、**図7-5**のように04年1800億ドル増、05年1400億ドル増、06年1500億ドル増とピークに達し、**図7-10**のように07年累計の1兆1300億ドル余まで膨張し続けた。「重層的な住宅関連バブル」は証券化商品投資を通じ資産価格を高騰させ、労働者・家計に膨大な貸付・家計債務を負わせることで個人消費の喚起、バブル的好況を生み出した。

3、米国住宅関連バブルの崩壊。そのメカニズム

　前節にて、住宅・資産からS-CDOに至る重層的な住宅関連バブルにおける相互前提、相互促進の因果関係は「住宅需要増大・資産価格高騰を絶対的な前提条件にしていた」ことを述べた。この「絶対的な前提条件」が崩れた時、「重層的な住宅関連バブルにおける相互前提、相互促進の因果関係」は「重層的なバブル崩壊における負の相互促進」に転化する。

図7-13 住宅関連バブル崩壊と個人消費縮小

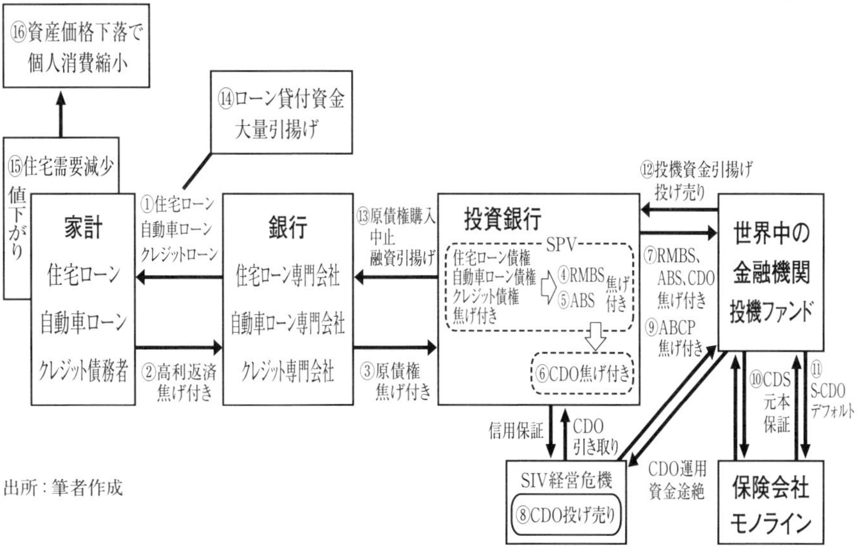

出所：筆者作成

(1) 住宅ローン延滞増加、住宅ローン債権焦げ付きと住宅価格下落

　住宅価格の下落は他ならぬサブプライム・住宅ローン延滞・焦げ付き増加によって引き起こされた（**図7-13**②③）。これまでローン延滞・焦げ付きが発生しても担保物件を高値で処分・売却できれば問題はなかった。しかしローン延滞・焦げ付きの量が担保物件・住宅価格を下げるところまで進むと状況は変わる（**図7-13**⑮）。資産価格が下がれば担保高値処分前提の住宅ローン貸付・債権増大は不可能である。住宅ローン貸付・債権減少は資産価格の下落を進める。負の連鎖、負の相互促進の幕開けである。**図7-11**はサブプライムローンの延滞率が15％近くになった07年第2四半期以降、住宅価格・ケース・シラー指数が200近くから09年第1四半期の140近くまで急降下したことを示している。そして**図7-5**は住宅ローンが07年プラス6093億ドルから08年マイナス38億ドルに急減したことを示している。

(2) 住宅ローン債権焦げ付きとRMBS価格下落、焦げ付き

　住宅ローン延滞・焦げ付き（利払い・償還停止）の増加は、それを担保に証

券化したRMBSの利払い・償還停止（デフォルト）、価格低下につながる（図7-13④⑦）。「金融工学」による「異なる原債権・証券を多数合成し同時にデフォルトする確率を下げる手法」、「リスクを多数の投資家に分散して移転する手法」は、逆に原債権・証券を「混ぜ合わせ」「移転」「分散」したことでリスクの所在を不透明にし、疑心暗鬼、不安の連鎖・拡散を呼び起こす。

またRMBS、ABS、CDO等金融派生商品は、公開市場取引ではなく店頭での相対取引であるため、価格下落時には販売そのものが困難になり投げ売りの促進と価格下落とが相互促進を起こす（図7-13⑦⑫）（井村2010、135頁）。RMBSのデフォルト、価格低下は組成原料としての住宅ローン債権を不要とし、投資銀行はローン専門会社への融資を引き揚げる（図7-13⑬）。住宅ローン債権が不要となればそのリスクを「解決する」ためのRMBSも不要となり一層の価格低下が進む。

（3）RMBS価格下落、焦げ付きとCDO価格下落、焦げ付き。SIV危機

RMBSの価格下落、焦げ付きは当然、それを原料として組成したCDO価格下落、焦げ付きを誘発していく（図7-13⑥⑦）。一部のCDO価格下落、焦げ付きは投資家・金融機関による投げ売り、さらなる価格低下を引き起こす（図7-13⑫）。CDO価格が暴落するとその原料も不要となりRMBS価格もさらに暴落する。図7-6は08年以降、RMBS、ABS、CDOの発行が激減、ほぼ停止したことを示している。

このようなCDO価格の暴落は、投資銀行の運用子会社であるSIVを経営危機に陥れる（図7-13⑧⑨）。SIVは保有CDOからの収入や譲渡益を担保にしたABCPによる短期資金調達に依存しているため保有CDO価格が下落するとABCP償還、借り換えが困難になる。ABCPを通じた他人資本借入依存（高レバレッジ）でのCDO運用で高収益をあげてきたSIVは一転して巨額損失と借入返済（デレバレッジ・レバレッジはずし）で資金不足に陥る（毛利2010、27頁）。資金不足に陥ったSIVは投資銀行によってSIV保有CDOを高値で引き取ってもらうしかなくなる。投資銀行はオフバランス化、リスク移転のためにSIVを利用したはずがSIVの経営危機により巨額損失を抱え込む（井村2010、136-137頁）。

第7章　リーマン・ショック

(4) CDO価格下落、焦げ付きとCDSデフォルト、元本保証の発生、S-CDO危機

　CDO価格下落、焦げ付きは当然、そのCDOを保証対象とするCDSをデフォルトさせ元本・プロテクションの保証義務が発生する（図7-7破線、図7-13⑩）。CDSの元本保証が発生するとCDSの売り手である例えば保険会社は資金不足に陥り金融以外の一般保険業務にまでリスクを拡散させる。元本保証の脅威によりCDSの保証料率が高騰するとCDS市場は収縮し「保証」手段を失ったRMBS、ABS、CDOの需要もさらに減退、価格が下落する。
　CDSの売り手が元本・プロテクション支払いにより資金不足に陥ると、それは同時にS-CDOの売り手が資金不足に陥ることでありS-CDOの利払い、償還が困難になる（図7-9網掛け部分、図7-13⑪）。S-CDOのデフォルトが発生するとCDSへの需要はさらに失われる。図7-8は08年以降、CDS契約が減り続け、10年には半減したことを示している。

(5) 住宅関連バブル崩壊がもたらす実体経済からの資金流出

　これまで確認した「負の連鎖」「重層的な住宅関連バブル」崩壊とは、バブル形成時の資金貸付・拡大連鎖からバブル崩壊時の資金引き揚げ・縮小連鎖へと移行することである。CDSデフォルトに伴うS-CDOのデフォルトはCDS市場を収縮させ（図7-13⑩⑪）、CDSのデフォルト・収縮はリスク解決手段を失ったCDOの発行を困難する（図7-13⑩）。投資家、金融機関のCDOでの損失・売却・資金引き揚げ（図7-13⑫）はその原料であるRMBS売却、資金引き揚げを呼び起こす。投資家、金融機関のRMBSでの損失・売却、資金引き揚げは投資銀行による原債権・住宅ローン債権購入中止、融資回収・引き揚げを促す（図7-13⑬）。住宅ローン専門会社は家計への住宅ローン貸付を中止し融資を回収・引き揚げる（図7-13⑭）。

(6) 住宅需要減少、資産価格下落による個人消費減少と残された家計債務

　家計への住宅・各種ローン貸付資金引き揚げは、住宅や自動車・耐久消費財等の需要を減少させる（図7-13⑮）。しかし、それだけではなく住宅・資産

149

価格の下落を通じ個人消費の縮小をもたらし膨大な家計債務だけが残される（図7-13⑯）。図7-12において、住宅価格が15万ドルから10万ドルに下落すると、ホーム・エクイティ・ローンの信用枠設定・貸出は当然不可能になり、以前の債務だけが残る。またキャッシュアウト・リファイナンスによって生まれた14万ドルの債務も高利を伴い残ることになり、さらなる住宅価格上昇による再度のキャッシュアウト・リファイナンス、それによる消費の拡大はもはや不可能である。図7-5は08年以降、住宅価格下落に伴いホーム・エクイティが消滅したことを示している。

４、住宅関連バブル崩壊と「過剰生産恐慌」

（１）「重層的な住宅関連バブル」崩壊による「過剰生産恐慌」の再発

　これまで見たように、RMBS、ABS、CDO、CDS、S-CDOといった新型の金融派生商品、証券化商品は「重層的な住宅関連バブル」を担い大膨張した。

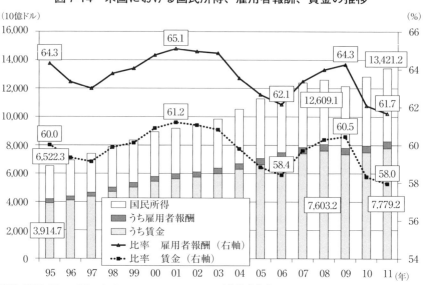

図7-14　米国における国民所得、雇用者報酬、賃金の推移

出所：FRB, Flow of Funds Accounts of United Statesより筆者作成

第7章　リーマン・ショック

そしてこの膨張は、実体経済への作用として住宅・各種ローン市場への資金流入、資産価格高騰、家計債務累増、それらに基づく個人消費の持続的拡大を引き起こした(4)。この金融膨張は過剰生産恐慌への危機を深めつつあった2001年不況を一時的に覆い隠す役割を果たした。再び図7－1は01年から07年まで、米国の個人消費が年率平均11％で急拡大したことを示している。また製造業設備稼働率も07年第2四半期には78.9％まで回復している。また図7－2は工業生産額（IP）が07年末までプラスで移行し、自動車生産台数も06年第2四半期までほぼ350万台を維持したことを示している。図7－14からわかるように、このことは、2000年代半ばにおいて「国民所得に占める賃金の割合」がおおむね低下傾向にあってさえ「2001年に露見した不況・恐慌」を克服した経済を生みだしたかに見えた。しかし、住宅ローン延滞と資産価格暴落、それを担保とする証券化商品のデフォルト・暴落は実体経済への作用として住宅・各種ローン市場からの資金流出、さらなる資産価格暴落と個人消費の急減速を引き起こした。図7－1は米国の個人消費が08年に年率マイナス10％に縮小したことを示している。また09年第2四半期の製造業設備稼働率は、ITバブル崩壊時01年第4四半期の71.6％を下回る67.2％まで悪化した。また図7－2は工業生産額（IP）が08年から09年にかけて20％以上激減し、自動車生産台数も09年第1四半期に133万台にまで減少したことを示している。このことは、今回の経済危機が「重層的な住宅関連バブル」崩壊・金融危機と結合した過剰生産恐慌であることを示している。「2001年に露見した不況・恐慌」を克服するために新自由主義的景気対策として形成が図られた住宅関連バブルは、逆に実体経済において過剰生産恐慌を、激発性を高めて再発させたのである。

（2）マルクス『資本の流通過程』に見る「バブルの論理」

　生産が消費・「現実の需要」から独立し「架空の」軌道にそって膨張し過剰生産恐慌に至るという、「バブルの論理」を解明したのは、マルクス『資本論』第二部第一草稿『資本の流通過程』である(5)。ここで最初にマルクスは、「産業資本家」が商品W′を最終消費者に販売し貨幣を受け取るまで、次の生産に必要なWを購入し再生産過程を先へ進めることができないとしている（図7－15①）。つづいてマルクスは、「産業資本家」が生産した商品W′を「商人」に販売し商業手形を受け取り、この商業手形を「銀行」に割り引いてもらい貨幣

図7-15　マルクス『資本論』におけるバブルの論理

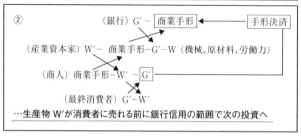

G′を手に入れ、この貨幣G′で次の生産に必要な生産手段と労働力、Wを購入する流通過程W′－G′－Wを分析する。そして「商人への手形販売」と「銀行の手形割引・現金支払」がなかったら、「産業資本家」は、W′が最終消費者に売れるまで、次の生産に必要なWを購入し再生産過程を先へ進めることができないが、「商人」と「銀行」の介入によりGを入手する「時間の先取り」、「流通過程の短縮」が可能になるとしている（**図7-15②**）（『資本の流通過程』35頁）。

　これは「産業資本家」にとって、「商人への手形販売」と「銀行の手形割引・現金支払」によって「短縮」されたW′のG′への転化である。しかし資本主義的生産全体にとっては、W′はいまだ商人の手元で流通過程にとどまっており最終消費者による「現実の需要」によるW′－G′転化は未実現である。このような「現実の需要」から独立した再生産過程の進行こそ需給不均衡を累積しそれを強力的に均衡させる「恐慌を準備する」運動形態とされる。

　「この過程を通じて、販売が現実の需要から独立し、架空のW－G－Wが現実のそれにとってかわることができ、そこから、恐慌が準備される。（過剰生産、等々。）」（同前35頁）

　その上でマルクスは、商人や銀行の介在によりW－G－Wが「架空の需要」に沿って「現実の需要」から独立すると、「信用」と「世界市場」の作用によりこの「架空の需要」が「再生産過程全体の規模が必要とする」ところまで拡張するとしている（同前49頁）。

（3）米国住宅関連バブルにおける「流通の短縮」

　マルクスはこの「流通過程の短縮」という運動形態が現実の再生産過程でいかに作用し、景気循環を生みだし、恐慌を準備するかを次のような段階を踏んで説明している。以下、今回の金融危機における本質的事実とつき合わせつつ整理する。

　①最初にマルクスは、先のW′－G′－Wの進行において「W′が本当の最終消費者によって買われているのか、あるいは、それをふたたび売るつもりでいる商人によって買われているのか」は問題にならないとしている（同前47－48頁）。これは賃金が伸び悩むなかでRMBS、ABS等ローン債権証券化が可能とした家計へのローン貸付拡大による住宅購入、個人消費の拡大、それが「現実の需要」「最終消費」と呼べないこととも重なり合う。

　②次にマルクスは、この「流通の短縮」が再生産過程を「現実には消費にはいっていなくても」「ある範囲内で」独立して「拡大された規模」で進行させる条件となるとしている（同前48頁）。ここもローン債務不履行が担保物件やその債権からの収入を担保にした証券の価格下落を引き起こさない「範囲内」で住宅購入や個人消費が拡大することを連想させる。

　③マルクスは、このような「予定された」「現実には消費にはいっていない」需要に沿った再生産「過程が拡大されているときには」、「それは生産手段の生産的消費の拡大」や「労働者の個人的消費」のさらなる拡大を引き起こし、「架空の需要」を過熱させ、需給の不均衡を累積する要因になるとしている（同前48頁）。これは、「RMBS、ABS、CDO組成によるリスク解決の結果」にホーム・エクイティ・ローンも加えた家計過重債務化、住宅購入や個人消費の拡大が雇用・所得の拡大を架空の軌道上で生み出していることと重なり合う。

　④結果的に、「現実の需要」から独立し過熱した「架空の需要」に基づく「繁栄」の中、「現実には」「売れないまま転売者たちの手のなかにある」という過剰生産の危機が累積する。

　「剰余価値の生産が、それゆえ資本家の繁栄が、労働者の消費と需要が増大し、全再生産過程が繁栄のさなかにあるというのにもかかわらず、商品の一大部分は、ただ見せかけの上でだけ消費にはいったのであり、現実にはしかし、売れないまま転売者たちの手のなかにある、したがって、実際にはまだ市場に

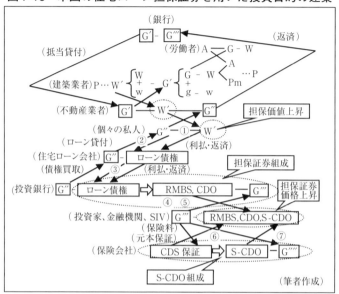

図 7-16　米国の住宅ローン担保証券を用いた投資目的の建築

ある、ということがありうる」(同前48頁)

　01年から07年まで米国の個人消費は年率平均11％で急拡大する。同時に07年家計債務残高は14兆2448億ドルに達した。商品は現実にはローン会社の手のなかにあった。

　⑤最後にマルクスは、「見かけの上」だけの消費が架空であり、それに沿った過剰な生産と「現実の需要」との乖離が明るみにでると、「商品資本家たちは市場でたがいにその席を奪い合」い、「売るためには価格を下げて売」り、「彼らは破産を宣言ざるをえない」と指摘する。「そのとき、全般的な瓦解、恐慌が勃発する」(同前48頁)。

　08年、住宅ローン延滞率は25％まで上昇し、住宅価格は暴落、証券化商品発行は停止、ホーム・エクイティは消滅する。個人消費、設備稼働率、工業生産は恐慌状態に至る(図7-1、2)。

第7章　リーマン・ショック

（4）史上最高に発達した「バブルの論理」。「架空の需要」の重層的形成

　最後に「米国住宅関連バブル」における「架空の需要」の重層的形成（図7-16）を俯瞰してみよう。
　①不動産物件・住宅W'は、「銀行」の抵当貸付G'を受けた「不動産業者」の「思惑」購入後、「個々の私人」に販売される（図7-16①）。
　②「個々の私人」の住宅W'購入は、「住宅ローン会社」のローン貸付G''に基づく（図7-16②）。
　③「住宅ローン会社」のローン債権は、「投資銀行」に転売される（図7-16③）。
　④「投資銀行」は、買い取ったローン債権を担保に「住宅ローン担保証券RMBS」を組成・発行し、売買代金・手数料を受け取る（図7-16④）。
　⑤「投資銀行」は、「住宅ローン担保証券RMBS」を担保にCDOを組成・発行し、売買代金・手数料を受け取る（図7-16⑤）。
　⑤「投資家、金融機関、SIV」は、配当、担保証券価格上昇を目的に「住宅ローン担保証券RMBS」やCDOを購入する（図7-16④⑤）。
　⑥「保険会社」は、保険料収入を目的に、RMBS、CDOを購入した「投資家、金融機関、SIV」へCDSを販売する（図7-16⑥）。
　⑦「保険会社」は、保険料収入を担保に、「投資家、金融機関、SIV」へS-CDOを販売する（図7-16⑦）。
　以上①から⑦の取引を積み重ね、住宅の「架空の需要」は以下のように拡大循環する。
　住宅ローン「利払・返済」増大→RMBS価格騰貴→RMBSを担保にしたCDO価格騰貴→「投資家、金融機関、SIV」のRMBS、CDO需要増大→RMBS、CDOを元本保証するCDS需要増大→CDSを担保にしたS-CDO需要増大→S-CDOの原料となるCDS供給増大→CDS保証増大によるRMBS、CDO供給増大→RMBSの原料となる住宅ローン貸出増大→住宅需要増大・価格騰貴→住宅ローン「利払・返済」増大……。
　この拡大循環過程を通じ、住宅の「架空の需要」は「現実の需要」から八段階乖離する。

第一段階：個々の私人により最終消費される思惑（不動産業者）
第二段階：抵当貸付で利殖する思惑（銀行）
第三段階：住宅ローン債権転売の思惑（住宅ローン会社）
第四段階：RMBS、それを担保にしたCDO組成・発行による利殖の思惑（投資銀行）
第五段階：RMBS、CDO価格騰貴・配当増大の思惑（投資家、金融機関、SIV）
第六段階：RMBS、CDOの元本保証によるCDS保険料収入の思惑（保険会社）
第七段階：CDSを担保にしたS-CDO組成・発行による利殖の思惑（保険会社）
第八段階：S-CDO価格騰貴・配当増大の思惑（投資家、金融機関、SIV）

　住宅需要は、以上の八段階、乖離した「架空の需要」に沿って、資金供給・RMBS、CDO、CDS、S-CDO投資が関係者の利殖目的で繰り返される限り膨張する。これに不動産価格上昇の思惑から作り出される「ホーム・エクイティ・ローン」「キャッシュアウト・リファイナンス」による個人消費需要増大が加わる。しかし、この拡大循環過程は、住宅ローン「利払・返済」デフォルトを契機に、以下のような縮小循環に転じた。

　住宅ローン「利払・返済」デフォルト→RMBSデフォルト・価格下落→RMBSを担保にしたCDOデフォルト・価格下落→「投資家、金融機関、SIV」のRMBS、CDO需要減少→RMBS、CDOを元本保証するCDS元本保証発生、需要減少→CDSを担保にしたS-CDOデフォルト・価格下落→S-CDOの原料となるCDS供給減少→CDS保証減少によるRMBS、CDO供給減少→RMBSの原料となる住宅ローン貸出減少→住宅需要減少・価格下落→住宅ローン「利払・返済」デフォルト……。

　「現実の需要」から八段階乖離した「架空の需要」は消滅し、さらに不動産価格下落による「ホーム・エクイティ・ローン」「キャッシュアウト・リファイナンス」のエクイティ消滅、個人消費需要減少が加わる。

　今回の金融危機と結合して現れた過剰生産恐慌は、新型金融派生商品の組成・販売という新しい信用手段に支えられ「架空の需要」に沿って発達した

「社会的な生産」と「資産価格下落による消費不足」「現実の需要」との「対立」を示している。同時に本論は、消費不足という危機のさらなる深層に「家計債務膨大化」と米国労働者の低賃金、貧困が存在することを指摘した。商業資本や金融資本の介在による「流通過程の短縮」「架空の需要」創造のメカニズム、「恐慌の運動」論を明らかにし、さらに「恐慌の根拠」が米国労働者の低賃金、貧困であることを解明できるのは、『資本論』の生命力に他ならないであろう。

注
（1）友寄英隆氏は「今回の世界恐慌」を「多国籍企業化した巨大独占資本がICT革命による生産と流通の『大合理化』を強行し、生産と資本の集積・集中の新たな段階のもとで起こった最初の世界恐慌」とする。(友寄英隆「日本経済の現局面をどうみるか──2008・09年世界恐慌と日本資本主義」『経済』2009年8月号 No.167、18頁)
（2）図7－7においては、「世界の金融機関・投資ファンド（CDSの買い手）」が「投資銀行（CDS参照企業）」の発行するCDO現物を保有していることを前提としていた。しかし、CDO等現物を保有せずCDSだけを取引する「純粋の投機」も横行している。CDO等現物を保有せずCDSだけを保有する金融機関は、CDO等の保証目的ではなくCDS参照企業・対象となるCDOが債務不履行となり元本保証・プロテクションが支払われることのみを利益としている。具体的には、CDSの対象となっているCDO等に空売りを仕掛け価格暴落・債務不履行に追い込み、「現物決済の代わりに」デフォルトしたCDO等の清算価格を差し引いて元本保証・プロテクションを受け取る「現金決済」を行う。
（3）図7－9のS-CDO組成・発行において、「CDSの想定元本と投資家などから集めた資金は等しい」という関係性は、CDS売り手＝S-CDO売り手による「S-CDOへの利払い」が「CDS保証料収入」から賄われることによる。つまり「S-CDO発行額に対するS-CDOへの利払い額」は担保である「CDS想定元本に対するCDS保証料収入」の関係に等しいということである。S-CDOへの利払いがCDS保証料収入によってなされる限り、（最大で）CDS想定元本額までS-CDOを発行できるということである。
（4）今回の米国住宅関連バブルは、ITバブル崩壊後の景気浮揚策として政策的に誘導・助長された経緯も同時に有する。03年にはグリーンスパン・プットと呼ばれる超金融緩和政策によりFF金利は0.1％、住宅ローン平均金利は過去30年で最低の5.8％に低下した。加えて次のような持ち家政策を打ち出している。「いまだマイノリティーの住宅所有者の割合は白人に後れを取っている。この不均衡の是正において、2002年6

月にブッシュ政権は今世紀最初の10年が終わるまでにマイノリティーの住宅所有者を550万人追加するイニシアティブを発表した」『2003米国経済白書』(毎日新聞社週刊エコノミスト増刊、2003年6月9日、48-49頁)。この政策は2003年「アメリカン・ドリーム住宅購入支援法」法制化につながっていく。

(5) ここでのマルクス『資本の流通過程』からの引用はMarx,K.(1865), Das Kapital,Buch Ⅱ,Manuskript Ⅰ,(中峯照悦・大谷禎之介他訳、大月書店、1982年) によった。またそこでの「バブルの論理」(「現実の需要」からの独立化)の整理、それによる景気循環運動の整理は不破哲三『マルクスと「資本論」』2-再生産論と恐慌-中』(新日本出版社、2003年)、『マルクスは生きている』(平凡社新書、2009年)を参考にした。

関野秀明（せきの　ひであき）
　1969年京都府生まれ。1999年九州大学大学院経済学研究科博士後期課程単位取得退学。現在、下関市立大学経済学部教授（理論経済学）。
　著書に『変革の時代と「資本論」――マルクスのすすめ』（共著、2017年、新日本出版社）、『現代の政治課題と「資本論」――自己責任論批判の経済学』（2013年、学習の友社）。

金融危機と恐慌――『資本論』で考える現代資本主義

2018年1月25日　初版

著　者	関野　秀明	
発行者	田所　　稔	

郵便番号　151-0051　東京都渋谷区千駄ヶ谷4-25-6
発行所　株式会社　新日本出版社
　　　　電話　03（3423）8402（営業）
　　　　　　　03（3423）9323（編集）
　　　　info@shinnihon-net.co.jp
　　　　www.shinnihon-net.co.jp
　　　　振替番号　00130-0-13681
印刷・製本　光陽メディア

落丁・乱丁がありましたらおとりかえいたします。

© Hideaki Sekino 2018
ISBN978-4-406-06190-2 C0033　Printed in Japan

本書の内容の一部または全体を無断で複写複製（コピー）して配布することは、法律で認められた場合を除き、著作者および出版社の権利の侵害になります。小社あて事前に承諾をお求めください。